本书是国家社会科学基金重大项目"环境保护与经济高质量发展融合的理论、路径和政策体系研究"（项目编号18ZDA051）的阶段性成果，同时是湖北社会科学基金项目"经济高质量发展下绿色全要素生产率的测算与提升研究"（项目编号 BSY20013）的最终成果。

ZHONGGUO NONGYE LÜSE FAZHAN
JIZHI TANSUO YU DUICE XUANZE

中国农业绿色发展：
机制探索与对策选择

■ 甘天琦 著

人民出版社

目　录

导　论……………………………………………………………… 1

　　第一节　研究背景…………………………………………… 1

　　第二节　问题的提出………………………………………… 2

　　第三节　研究目标与主要问题……………………………… 4

　　第四节　研究方法与研究内容……………………………… 7

　　第五节　主要的创新之处…………………………………… 11

第一章　基本概念与文献梳理………………………………… 13

　　第一节　基本概念…………………………………………… 13

　　第二节　文献梳理…………………………………………… 15

第二章　农业绿色发展的内涵与外延………………………… 33

　　第一节　农业绿色发展的内涵……………………………… 33

　　第二节　农业绿色发展的外延……………………………… 34

第三章　农业绿色发展的政策演进…………………………… 43

　　第一节　农业绿色发展的萌芽阶段………………………… 43

　　第二节　农业绿色发展的起步阶段………………………… 44

第三节　农业绿色发展的成熟阶段 ……………………………… 47

第四章　农业绿色发展的基本现状与理论基础……………… 51

第一节　中国农业经济发展的基本现状 ………………………… 51

第二节　农业绿色发展的基础理论 ……………………………… 63

第五章　中国农业绿色发展的测度评价……………………… 70

第一节　关于绿色发展测度的研究 ……………………………… 70

第二节　传统生产前沿面的构建 ………………………………… 80

第三节　绿色全要素生产率的测算框架 ………………………… 85

第四节　数据获取与实证结果 …………………………………… 89

第六章　农业绿色发展的影响因素探索……………………… 97

第一节　问题的提出 ……………………………………………… 97

第二节　农业绿色发展的影响因素梳理 ………………………… 100

第三节　估计策略、方法与数据 ………………………………… 102

第四节　中国农业绿色发展影响因素分析 ……………………… 107

第七章　农业绿色发展下的用水效率及成本效应分析……… 116

第一节　问题的提出 ……………………………………………… 116

第二节　农业用水效率及成本的影响因素梳理 ………………… 119

第三节　分析框架与数据说明 …………………………………… 122

第四节　实证结果与分析 ………………………………………… 129

第八章　农业绿色发展下的碳排放空间关联特征与

减排因素分析…………………………………………… 139

　第一节　问题的提出…………………………… 139

　第二节　中国农业碳排放的空间相关性检验………… 140

　第三节　农业碳排放影响因素的计量模型设定与

　　　　　数据说明………………………………… 145

　第四节　中国农业碳排放的关键因素识别及

　　　　　溢出效应分析…………………………… 152

第九章　中国农业绿色发展的因素分析与对策选择……… 166

　第一节　中国农业环境的影响因素探讨…………… 166

　第二节　中国农业环境治理对策选择……………… 177

第十章　结论与研究展望…………………………… 186

　第一节　主要结论………………………………… 186

　第二节　研究展望………………………………… 190

参考文献……………………………………………… 192

后　记………………………………………………… 211

导　论

第一节　研究背景

以"家庭联产承包责任制"为标志的农业改革揭开了中国农业经济高速发展的序幕，在四十余年的改革历程中，中国政府通过一系列支农惠农政策，探索着农业强国建设之路，使中国农业农村经济的发展取得了巨大的成就。据国家统计局和农业农村部发布的 2021 年农业数据显示，全国农业产值为 78340 亿元，占国内生产总值的 6.85%；全国农村居民人均可支配收入达到 18931 元，城乡居民收入倍差缩小至 2.5∶1；粮食产量达到 13657 亿斤，其中 13 个粮食主产区粮食产量占全国比重提高至 78.5%，农业经济的持续增长为促进经济社会健康发展发挥了"压舱石"作用。

随着我国宏观经济由高速增长向中高速增长转变，过去依靠要素拉动经济高速增长的模式已难以为继。农业生产要素特别是劳动要素优势逐渐消失，农业富余劳动力减少，要素的规模驱动力减弱，经济增长将更多依靠资本质量和技术进步。同时，资源环境约束力不断加强、农业环境承载力接近上限，农业面源污染与温室气体的排放等一系列因素的叠加决定了过去以能源和资源驱动的经济发展方式已经不符合新时代发展的需求，探索一条符合中国国情的生态环保、绿色低碳、可持续发展的农业生产新方式迫在眉睫。在党的二十大报告中，习近平总书记系统阐述了全面建设社会主义现代化国家的基本方略，明确提出要坚持人与自然和谐共生，加快绿色发展方式转型，深入推进环境污染防治的绿色发展之路。我们必须深入贯彻落实党的二十大精神，切实把推进农业发展的各项要求落到实处。

第二节　问题的提出

长期以来，我国在治理工业污染方面所运用的政策工具十分丰富（如税收征管、土地出让、行政管制、中央环保督察等），但在治理农业生产生活的污染上鞭长莫及（沈坤荣和金刚，2018）。[①] 在农业污染排放上，采用市场手段来治理农业面源污染排放会显得捉襟见肘，因为如果对农药和化肥等农业生产要素征税，这必然会通过市场行为转嫁到农业生产者身上，而使本身相对贫困的农民在加大投入和减少产量上陷入两难的困境。效仿工业污染治理，实行农业污染排污权交易的制度则在短期内难以实现：一方面，农业污染并不像工业点源污染便于核算；另一方面，广大农村地区的经济发展状况和农业生产者的行为可能是阻碍排污交易制度实现的关键原因。因此，本书基于这一思维尺度，在农业绿色发展上提出了以下问题，在后续内容中逐步展开实质性的研究和探讨。

第一，面对复杂的农业经济和环境污染问题，如何权衡经济成

---

① 沈坤荣、金刚：《中国地方政府环境治理的政策效应——基于"河长制"演进的研究》，《中国社会科学》2018年第5期。

本、社会收益与环境污染之间的关系，决定了选择什么样的农业绿色发展道路，也决定了政策实施效果的社会福利提高程度。解答这个难题的关键问题之一是如何将资源、经济和环境放在同一框架内，构造合理准确的模型去评判地区农业绿色发展状况，得到相对科学的评判结论。因此，本书需要解决的第一个问题是构建合适的模型来评估区域农业绿色发展水平。

第二，设计合理有效的估计模型也十分重要，一个可靠的评估需要作出高度置信的因果推断，因果推断问题是实证研究的焦点，正因如此，判断影响农业绿色发展的因素必须通过准确的计量模型来获得，简单使用相关性分析的结果不足以支撑本书的研究。因此，本书的第二个问题是如何在中国农业绿色发展现状的基础上，探讨影响农业绿色发展的关键因素。

第三，事实上，农业绿色发展应该包含"生产率高""资源节约"和"环境友好"三个层面，在研究农业绿色发展中，资源浪费一直是被人忽视的问题，这使得估算的指标有偏，导致农业政策实施效果并不理想。因此，本书在探讨农业绿色发展同时考虑农业水资源污染和农业碳排放的问题，以求更加全面准确地诠释农业绿色发展的意义。

第四，实证研究我国农业绿色发展可以得到经验性的判断，但绿色发展的根源在于找到经济社会中的问题，再对症下药。本书在实证研究之外，还需要通过系统的环境经济学理论分析识别影响农业绿色发展的关键因素。因此，本书在全面分析农业面源污染、农业碳排放、农业水资源效率及成本效应之外，还通过理论和事实阐述影响农业绿色发展的宏观、微观和现实因素，力求让研究结构和思路更加可靠和完整。

根据以上学术意义和现实价值，结合我国农业经济发展、农业资源使用和农业面源污染状况，在数据包络分析（Data Envelopment Analysis，DEA）框架和微观计量的基础上，从资源、环境与经济三个方面探讨如下五个问题：问题一：中国农业绿色发展指标的核算与绿色发展评估。问题二：中国农业绿色发展的影响因素探索。问题三：农业绿色发展下用水效率及成本效应分析。问题四：绿色发展下农业碳排放空间关联特征与减排因素分析。问题五：从定性的角度分析农业绿色发展的影响因素，根据全书研究结论阐述农业环境治理的对策选择。

第三节　研究目标与主要问题

一、研究目标

本书旨在融合资源、环境与经济因素的条件下，采用非参数数据包络模型构造农业绿色生产的前沿面，全面评估中国各区域农业绿色发展状态，并通过模型构建捕捉影响农业绿色发展因素，从而找到适合中国农业绿色发展之路。此外，在专门应对农业碳排放与农业水污染方面进行实证研究，以期在资源约束的情况下找到合适的碳减排政策和水资源利用政策。

（一）理论目标

构建支撑农业绿色发展的理论路径。首先，从我国当前的基本矛盾出发，科学展开农业绿色发展评价的维度；其次，从环境经济学、制度经济学和技术经济学三个层面分析农业绿色发展的理论基础；最后，构建农业绿色发展的评价指标，以求科学构建农业绿色发展的理论路径，并对现阶段农业绿色发展的状态进行科学的评价。

（二）实证目标

识别农业绿色发展的动力机制。首先，系统梳理农业绿色发展
的理论基础和影响农业绿色发展的因素，以此来构建农业绿色发展实
证模型，找到农业绿色发展的动力机制；其次，在农业绿色发展的低
碳与节水维度分别展开实证研究，力求识别出农业绿色发展的关键性
因素。

（三）政策目标

找到中国农业绿色发展的路径。在定量分析和定性研究的基础上，
从中国实际出发，从微观、宏观和现实三个方面找到农业绿色发展的
影响因素，并根据国际做法、现实证据和实证结论提出中国农业绿色
发展的政策意见。

二、主要问题

本书在环境经济学、生态经济学、农业经济学和运筹学的范畴内
研究四个主要问题：

第一，资源、环境约束下的中国农业绿色发展水平评估。在非
参数数据包络分析的框架内，除了考虑农业生产的投入产出外，还
将资源与环境因素考虑在内。一方面，构建包含资源、环境和经济
增长的生产前沿面，在数据包络分析方向距离函数的方法框架内核
算中国省域农业绿色发展效率，并比较效率差异；另一方面，将含
有资源和环境约束的生产率指标定义为农业绿色生产指数，作为衡量
农业绿色发展水平的标准，比较分析区域差异、时空演变格局及相关
特征。

第二，中国农业绿色发展的动力机制。在环境经济学中，识别环境污染影响因素有三大经典模型。其一是格罗斯曼和克鲁格（Grossman & Krueger，1992）的环境库兹涅茨曲线（Environmental Kuznets Curve，EKC），认为经济规模、技术水平和经济结构是影响环境的三大主要因素；其二是埃利希和霍尔德伦（Ehrlich&Holdren，1971）的 IPAT 模型及由此演化出的"I=PACT""I=PBAT"和 STIRPAT 模型，认为人口、富裕程度和技术水平是影响环境的三大主要因素；其三是 Kaya 恒等式，其中人口、人均国内生产总值、能源强度和排放系数（单位能源消费的污染排放量）是影响污染排放量的四大主要因素。其中，前两种模型多使用计量回归分析估计各类影响因素对污染排放的偏效应，而最后一种模型多使用分解分析方法识别污染排放的驱动因素。因此，本书在经典的环境经济学模型下建模，探讨影响农业绿色发展指数的因素。

第三，绿色发展下的农业水资源效率和农业用水成本效应分析问题。中国地域辽阔，地区农业生产迥异，在考虑农业面源污染的框架内分析中国农业用水成本对于合理利用水资源具有重要意义。本书在数据包络分析的框架内，首先对比有无水资源约束的农业用水效率和有无环境污染约束的农业用水效率，其次构造考虑农业环境污染的水资源成本分析框架，探讨农业用水成本及成本效率的提升策略。

第四，绿色发展下的农业碳减排政策问题。为从区域层面分析污染物减排与农业绿色全要素生产率（Total Factor Productivity，TFP）提升的实现路径，本书将使用省（自治区、直辖市）数据，构建分析雾霾污染的动态空间面板数据模型，重点识别技术水平、经济结构、能源结构、人口结构、交通运输和对外开放六大因素对地区农业碳减排的影响。

第四节　研究方法与研究内容

一、研究方法

（一）数据包络分析方法

总量经济的应用生产率分析工作从本质上讲属于经济增长问题的实证研究范畴（胡鞍钢等，2008）。[①] 科埃利等（Coelli et al.，1992）将全要素生产率的测度方法分为四种：计量经济学方法（Econometric Approach）、数据包络分析方法（DEA）、指数法（Index Number）和随机前沿分析方法（Stochastic Frontier Analysis，SFA）。[②] 经济合作与发展组织（Organization for Economic Cooperation and Development，OECD）生产率手册于2001年将全要素生产率的测度方法归纳为增长核算方法和经济计量学方法；卡劳和利普希（Carlaw & Lipsey，2010）将全要素生产率的测度方法归纳为增长核算、指数法、距离函数法。[③] 而这些所用的方法，又可归结为边界和非边界两种方法。大多数人在研究中均是运用非边界的方法测度全要素生产率的增长。边界方法由法雷尔（Farrell，1957）首先提出，但是直到20世纪70年代后期，

[①] 胡鞍钢、王亚华、鄢一龙：《国家"十一五"规划纲要实施进展评估报告》，《宏观经济管理》2008年第10期。

[②] Coelli T. J., "A Computer Program for Frontier Production Function Estimation : Frontier Version 2.0" ,*Economics Letters*,No.1,1992.

[③] Carlaw K. I., Lipsey R. G., "Productivity, Technology and Economic Growth: What is the Relationship?" ,*Journal of Economic Surveys*,No.3,2010.

这种方法才被形式化并运用到实证研究中。[1]边界和非边界的主要区别在于边界的定义。一个边界是指一个有约束的函数，更准确地说是一个最好可以达到的位置的集合。因此，一个生产边界就是在给定技术和投入的条件下可以得到的最大产出的轨迹，而一个成本边界就是给定投入价格和产出最小可接受成本的轨迹。非边界方法假设所有的研究对象均是有效率的，而边界方法允许无效率的存在。但是，无论边界方法和非边界方法都可以分为参数方法（Parametric）和非参数方法（Non-parametric）。参数方法就是选择一个特定的形式的函数，然后运用经济计量方法估计出参数。它的优点就是可以进行统计检验，其缺陷在于函数形式选择的主观性会导致结果的差异。非参数方法不需要选择具体的函数形式，但是无法对其有效性进行检验。本书将采用非参数数据包络方法及其衍生模型核算农业绿色发展指数。

（二）变系数半参数分析方法

参数估计依然是计量经济学的主流，因为它比较有效率，而且易于操作，但是其缺点也很明显，对模型设定所做的假定较强，可能导致较大的设定误差（Specification Errors）。例如，如果真实总体并非正态分布，甚至偏离正态分布较远，则正态分布前提下所做的统计推断可能有较大偏差。换言之，由于参数估计法对模型的设定依赖性较强，故可能不够稳健（李宏瑾和唐黎阳，2022）。[2]为得到更加稳健的估计，本书选取了一般不对模型做任何假定的"非参数估计方法"（Nonparametric Estimation），但其缺点是要求样本容量较大，而

①　Farrell M. J., "The Measurement of Productive Efficiency" *Journal of the Royal Statistical Society*, No.3,1957.

②　李宏瑾、唐黎阳：《中国的资本回报率及影响因素》，《经济与管理研究》2022年第8期。

且估计收敛到真实值的速度也比较慢。鉴于以上原因，本书考虑一种折中的办法，使用同时含有参数部分和非参数部分的"半参数方法"（Semiparametric Estimation）对模型进行估计，这样既降低了对样本容量的要求，又具有一定的稳健性。

（三）动态空间面板分析方法

本书为探讨中国农业绿色发展路径，将综合运用计量识别与数据包络分析方法两大技术，从省级层面识别推进污染物减排的实现路径，以及农业绿色全要素生产率提升的可行路径。其中，在研究农业碳减排路径时，将使用考虑空间溢出效应的动态空间面板模型，这符合区域之间能源使用与生产结构相互关联的基本逻辑。

二、主要内容

本书将面对农业绿色发展评估与影响农业绿色发展的因素两个主题，依托非参数前沿的评估体系，针对农业经济发展与面源污染数据，借助非参数数据包络及其分解方法、变系数半参数估计方法和动态空间面板分析方法展开具体而可靠的研究。

在如何将日益严重的农业面源污染问题发展至"既要金山银山，也要绿水青山"的共赢模式这一问题下，阐述中国农业经济、能源使用与环境污染及其带来的危害，从基本事实、现实证据两个角度展开分析，说明研究农业生态环境保护和绿色发展问题的重要性与必要性；同时从社会主要矛盾入手，将人民日益增长的美好生活需要和不平衡不充分的发展之间的矛盾分解为生产效率高、资源节约和环境友好三个维度。在此基础上，提出本书研究的主要问题，方法与框架。

理论基础方面，在分析整理文献的基础上定义了农业绿色发展，从农业绿色发展定义出发，以习近平新时代生态文明思想剖析农业绿色发展的内涵，为全书的开展奠定了理论基础；在文献梳理方面，分别梳理了农业面源污染的核算、绿色发展的评价、绿色发展的影响因素、农业环境规制、农业碳排放、农业水资源等方面的文献，为全书框架创新、实证的开展以及相关问题的研究奠定了文献基础。基于乡村振兴战略，阐述农业绿色发展的内涵，按照内涵要求，中国应加快绿色农业生产的转型、节约资源和提高资源的利用率、推动农业生产技术的进步、加强农业面源污染的治理，从而实现碳达峰、碳中和的远景目标。同时，综合梳理我国农业绿色发展的政策，并总结新中国成立以来农业绿色发展从萌芽到起步与逐渐成熟的阶段及各阶段的特征。

在传统绿色发展指数的基础上，结合生产率高、资源节约和环境友好三个维度的定义，引入非参数数据包络模型引申出的方向距离函数方法，构建了农业绿色发展指数，在时间和空间两个维度对中国农业绿色发展现状进行评估，探讨中国农业绿色发展的阶段性特征。在此基础上，引入变系数半参数估计方法构建农业绿色发展模型，探索中国农业发展的动力机制。

基于以上研究，分别从农业用水、农业碳排放、农业面源污染对农业生产的影响。其一，在方向距离函数的分析框架内比较分析有水资源约束和无水资源约束农业环境技术效率，同时为探讨水资源约束对于农业绿色发展的影响，从成本角度出发，使用数据包络分析分解方法，构建农业用水成本效应模型，探索影响农业用水成本效应的因素。其二，从能源视角出发，探索由能源引申出的碳排放问题。通过莫兰指数探讨农业碳排放的空间关联特征，引入动态空间面板方法构建农业碳排放的空间模型，探索农业碳排放的空间相关分析、减排路径和溢出效应，找到农业碳减排的关键因素。其三，从微观、宏观和现实三个层面分析中国农业环境污染产生的根源，以此探讨农业环境治理的中国化道路和政策选择。

第五节　主要的创新之处

由于农业发展的要素依赖性强、地域差异明显，理论上欠缺对农业经济发展和农业环境保护相融合的系统研究，实践上也缺乏二者融合的深入探讨。为服务国家战略发展要求，应对生态环境保护的现实需求，本书特开展中国特色农业绿色发展路径研究。首先，设计考虑环境保护与农业经济高质量发展融合的生产模型，构建农业绿色发展指数，并基于绿色发展指数探讨中国农业绿色发展的关键性影响因素。其次，依据农业生产部门的要素供给和面源污染排放问题，从农业水资源和农业碳排放两个方面展开研究，提出中国农业绿色发展的政策意见。相比于已有研究，本书从理论分析、指数构建、机制研究和路径探索等方面进行系统讨论，创新之处有以下几点。

一、中国农业绿色发展指数的构建

传统的农业经济和生态环境研究更倾向于微观行为特征的考量，对二者融合机制的探讨缺乏量化的评价指标体系和定性分析的框架。因此，本书从农业经济高质量发展的内涵出发，基于数据包络模型的方向性距离函数方法构建经济发展与环境保护的评价模型，得到农业绿色发展指标，并按照"绿色、蓝色和红色"三分法将不同区域的农业绿色发展状态进行定性划分，以此来评价地区农业绿色发展现状，具有直观性。

二、中国农业绿色发展动力机制的探讨

传统的动力机制研究习惯于使用微观计量的方法找出变量之间的因果关系，但以省级单位构建的面板数据并不能满足大样本的特征。因此，本书引入半参数估计方法，不仅解决了数据数量的问题，还可以通过指数变化得到区域绿色发展的动力差异。此外，重点分析了棉花、小麦、水稻主产区及南北方农业绿色发展的动力差异，具有借鉴意义。

三、中国农业绿色发展维度的定义与研究

绿色发展理念不仅要强调污染排放问题，还要考虑到资源利用效率。本书从基本矛盾出发，将中国社会现阶段的主要矛盾"人民日益增长的美好生活需要与不平衡不充分发展之间的矛盾"进行分解，并使用"生产率高""资源节约"和"环境友好"三个充要条件来实现农业绿色发展的目标。在"环境友好"方面，重点分析了农业面源污染的产生与治理，并在"生产效率"评价维度中增加了资源和环境因素的强约束；在资源友好方面，重点分析了农业碳排放和农业水资源成本问题，力求让农业绿色发展的维度更加完整。

第一章　基本概念与文献梳理

第一节　基本概念

一、农业资源环境

农业资源环境是由农业资源系统和农业环境系统相互影响、相互制约形成的复合系统，是农业生产对象（包含栽培植物、林木、牲畜、家禽和鱼类等）正常生长繁殖所需各种环境要素（包含气候、水体、土壤、地形、生物等自然及人文社会因素）的总和整体。农业资源环境是农业生产活动赖以生存的基础和条件，是农业可持续发展的基本保证。若资源和环境二者良性互动、和谐共生，农业的可持续性就会得到有效增强（李晓燕，2016）。[①]农业资源包含农业生产中所需的各类自然资源和社会资源。其中自然资源包括农业能源、农业水资源、农业大气资源、农业土壤资源等；社会资源指农业生产的外界投入，包含进行农业生产活动的劳动力、农业机械、农业资金等。本书在研究农业资源方面考虑了农业自然资源（农业水资源和农业能源）及社会资源（劳动、机械和资本）的综合投入。

[①]　李晓燕：《民族地区农业生态环境补偿及其制度研究》，《青海民族研究》2016 年第 1 期。

二、农业绿色发展

农业绿色发展是指符合农业生态经济本质，运用先进的科学技术、工业装备及管理模式，旨在全面提升农业经济效益，统筹协调农业产品及资源环境的安全，提供多功能服务的农业发展目标、模式与途径以推动农业社会与经济可持续的农业发展模式。一般地，农业是一个直接依赖于土地资源形成的生态经济产业，农业的可持续发展必须以保护自然生态系统、利用自然生态规律、建设农业生态经济为前提。此外，农业生产率是生态生产力与经济生产力的有机结合，农业生产必须遵循自然生态规律（林卿和张俊飚，2012）。[①] 因此，农业的本质是生态经济，没有农业生产的生态基础，就没有农业生产的经济产出。

更进一步说，农业生产对象是有生命的动物、植物、微生物，这些生物要在一定的生态环境中生存与发展，并通过物质、能量及信息交换与自己生存的环境密切联系成一个有机的整体——自然生态系统，即农业生产的基础。当人类有既定目的地干预自然生态系统来获取既定产品时，农业活动就形成了。人类利用生物的生命运动以及气候、土壤、水域等自然环境条件，通过技术、劳动与资本的投入，不断提高农业生态系统中的能量转化率，满足人类对农产品的需求。因此，农业生产是自然资源再生产与经济再生产过程的有机结合，农业生产严格遵循自然及经济的客观规律。农业的本质是生态经济，有学者将这种农业生产与运行的系统称为农业生态经济系统，并将之视为一个有机的整体。其中，农业生态系统是农业经济系统的基础，农业经济系统引导和影响农业生态系统演化的方向，正是农业生态系统与

---

① 林卿、张俊飚：《生态文明视域中的农业绿色发展》，中国财政经济出版社 2012 年版。

经济系统这种自然属性与社会属性的有机构成，决定了生态文明建设中绿色农业发展的重要性，以及农业绿色发展中农业具有巨大的发展潜力和空间。归根结底，生态系统的可再生性，是人类经济社会可持续发展生命力的基础，而绿色农业就是这个可再生生态系统中最重要的组成部分。

第二节　文献梳理

传统的农业经济增长要求生产率高，生产率高主要指经济增长速度快、单要素生产率高，但这仅仅考察了单位劳动的产出或单位耕地面积的产出，很难衡量出复杂的农业系统中多要素合力（劳动、资本、土地、技术等）的差异，而且随着现代工业革命的推进，大量工业用品传播到传统的农业生产中，化肥、农药等农业基础生产要素提高了农业产量的同时，却也给生态环境带来了严重的危害，造成能源浪费、土壤板结、河流污染、植被破坏等农业生态环境的损失，还导致大量受到污染的农产品进入食物链，威胁到人类健康。因此，在进行文献梳理时分别针对资源节约和环境友好两方面做具体阐述，下面将从农业面源污染、农业碳排放及农业水资源污染三个维度进行文献梳理与总结。

一、关于农业面源污染的文献梳理

治理农业面源污染是农业绿色发展的必经之路。传统的对于农业绿色发展的研究大多集中于对面源污染的考量，许多研究在针对农业面源污染的核算、农业环境效率及全要素生产率评价、影响因素分析和农业环境治理上都做了大量细致且繁琐的工作。

（一）农业面源污染的核算方法基本形成共识

由于农业面源污染具有污染分散、隐蔽且不易监测的特点，因此很难进行量化。现有文献的核算方法主要有四种：一是模拟实验法，即基于流域尺度的大量模拟实验，但因为这种方法成本高昂且覆盖面不广，因此很难大面积推广实施。二是替代法，一般采用化肥、农药使用量或禽畜粪便排放量来替代面源污染程度（李海鹏和张俊飚，2009a，2009b），这种方法忽略了作物的吸收、流失以及区域差异所带来的偏误，而且在研究农业面源污染时，农药、化肥等农业投入品既作为要素投入，又作为非期望产出，使估计过程和结果与实际不符，没有太强的说服力。[①] 三是养分平衡法，即使用过剩的氮、磷替代污染（张晖和胡浩，2009），但这种方法存在偏差大、污染流动方向模糊等缺点，很难反映真实污染水平。[②] 四是清单分析法，从管理学的角度切入，明确分析目标，确定污染单元，实行分类统计（赖斯芸等，2004），因其准确、方便的特点，得到广泛应用（李谷成等，2013）。其实际操作过程为：首先，根据清单分析法的要求，确定农业面源污染的主要指标为农业化学需氧量（COD）、总氮（TN）、总磷（TP）三类。[③] 农业面源污染的来源有四类，分别为农田化肥、农田固体废弃物、禽畜养殖和水产养殖。其次，根据不同的污染源分别统计

---

①　李海鹏、张俊飚：《中国农业面源污染的区域分异研究》，《中国农业资源与区划》2009年第2期。

②　张晖、胡浩：《农业面源污染的环境库兹涅茨曲线验证——基于江苏省时序数据的分析》，《中国农村经济》2009年第4期。

③　赖斯芸、杜鹏飞、陈吉宁：《基于单元分析的非点源污染调查评估方法》，《清华大学学报（自然科学版）》2004年第9期。李谷成、范丽霞、成刚等：《农业全要素生产率增长：基于一种新的窗式DEA生产率指数的再估计》，《农业技术经济》2013年第5期。

相应的要素计算出该种污染源的化学需氧量、氮和磷的排放量。例如，农田化肥通过统计氮肥、磷肥和复合肥施用量，计算氮和磷的排放量；农田固体废弃物通过统计水稻、小麦、玉米等作物总产量，计算化学需氧量、氮和磷的排放量。最后，根据农业面源污染产污强度影响参数表加权求和得到面源污染的总量。

（二）农业绿色发展评价的指标和方法并未统一

截至 2022 年，关于农业绿色发展评价的指标主要分为两类：第一类是微观角度的绝对量指标，即化肥、农药的投入量及污染的排放量。2015 年，农业农村部出台了《农业部关于打好农业面源污染防治攻坚战的实施意见》，以"一控两减三基本"的方针来治理农业面源污染，控制用水总量、减少化肥和农药使用，禽畜粪便、农作物秸秆、农膜基本资源化利用。政策出台后，农村农业部相继印发了《到 2020 年化肥施用量零增长行动》《到 2020 年农药施用量零增长行动》《农业绿色发展五大行动》等多项农业环境治理政策，开展全面治理农业面源污染的攻坚战（金书秦，2017）。[①] 第二类是宏观角度的效率指标，即考虑投入、产出与污染等因素之后的核算结果。这一类指标通常分为以下三种：第一种是考虑污染因素的环境效率指标（崔晓和张屹山，2014）。[②] 第二种是考虑资源与污染因素的生态效率指标（王宝义和张卫国，2018；郑德凤等，2018）。[③] 第三种是考虑环境因素

---

① 金书秦：《农业面源污染特征及其治理》，《改革》2017 年第 11 期。

② 崔晓、张屹山：《中国农业环境效率与环境全要素生产率分析》，《中国农村经济》2014 年第 8 期。

③ 王宝义、张卫国：《中国农业生态效率的省际差异和影响因素——基于 1996—2015 年 31 个省份的面板数据分析》，《中国农村经济》2018 年第 1 期。郑德凤、郝帅、孙才志等：《中国大陆生态效率时空演化分析及其趋势预测》，《地理研究》2018 年第 5 期。

的农业全要素生产率指标（李谷成等，2011）。[①] 除此之外，不同的效率指标之间也呈现出巨大的差异。在投入指标的选取上，大部分学者只考虑了劳动、土地和资本三要素（Wu，1997；冯海发和李溦，1993；刁怀宏和陶永勇，2003）。[②] 但随着工业化进程的加快，机械、化肥和农药等要素也被视作基础的投入要素（Wu. et al.，2010；Lambert & Parker，1998；Mao 和 Koo，1997；Fan，1997）。[③] 此外，还有学者将电力、种子、灌溉、役畜等因素考量在内（Tong et al.，2014）。[④] 在产出指标的选取上，大多学者都以农业增加值作为主要的期望产出，但考虑到在农业生产的过程中，不同地区所表现出的巨大差异，部分学者除在总量上考察产出之外，还单独考虑了粮食产量（韩海彬，2013；韩海彬等，2014）、不同农业部门投资（彭可茂等，2012）等多种因素。[⑤] 另外，在计算方法上也不尽相同，传统的参数

① 李谷成、陈宁陆、闵锐：《环境规制条件下中国农业全要素生产率增长与分解》，《中国人口·资源与环境》2011 年第 11 期。

② Wu J., "On China's Economic Future"，*Journal of Asian Economics*, Vol.8(4), 1997,pp.605–607.冯海发、李溦：《我国农业为工业化提供资金积累的数量研究》，《经济研究》1993 年第 9 期。刁怀宏、陶永勇：《生产要素的配置变化与科技进步——中国 1980—2001 年农业技术进步率的估计》，《农业现代化研究》2003 年第 6 期。

③ Wu S., Walker D., Devadoss S.et al., "Productivity Growth and its Components in Chinese Agriculture after Reforms"，*Review of Development Economics*, Vol.5(3), 2010,pp.375–391.Lambert D. K., Parker E., "Productivity in Chinese Provincial Agriculture", *Journal of Agricultural Economics*, Vol.49(3), 2010, pp.378–392. Mao W., Koo W. W., "Productivity Growth, Technological Progress, and Efficiency Change in Chinese Agriculture after Rural Economic Reforms: A DEA Approach", *China Economic Review*, Vol.8,(2), 1997, pp.157–174. Fan S., Pardey P. G., "Research, Productivity, and Output Growth in Chinese Agriculture", *Journal of Development Economics*, Vol.53(1),1997, pp.115–137.

④ Tong, Li-tao, Li-ya et al., "Effects of Cultivar on Phenolic Content and Antioxidant Activity of Naked Oat in China"，*Journal of Integrative Agriculture*, Vol.13(8), 2014,pp.1809–1816.

⑤ 韩海彬：《中国农业环境技术效率及其影响因素分析》，《经济与管理研究》2013 年第 9 期。韩海彬、赵丽芬、张莉：《异质型人力资本对农业环境全要素生产率的影响——基于中国农村面板数据的实证研究》，《中央财经大学学报》2014 年第 5 期。彭可茂、席利卿、彭开丽：《环境规制对中国油料作物产出影响的研究——基于距离函数对技术效率的测度》，《统计与信息论坛》2012 年第 2 期。

法如索罗残差（McMillan，1989；赵芝俊和张社梅，2006）和随机前沿（SFA）（董运来等，2008；郑循刚，2010；Wang et al.，2010）需要预先设定模型的具体形式，往往会因为模型设定偏误而导致估计结果的偏差；[①]因此不需要预先设定模型形式的数据包络分析（DEA）成为研究方法中的主流（孟令杰和顾焕章，2001）。[②]随着运筹学理论技术的发展，由数据包络分析衍生出的模型，如SBM（涂正革和刘磊珂，2011；庞瑞芝等，2011；王兵和朱宁，2011）、DDF（田银华和贺胜兵，2010；李谷成等，2011；涂正革和谌仁俊，2015）等方法也被大量运用。[③]此外，牛敏杰等（2016）在经济、资源、社会和生态四方面构建生态效率评价指标。[④]崔晓和张屹山（2014）在物料守恒的条件下构建环境效率和全要素生产

---

①　Mcmillan D. E., "Increased Levels of Acute-phase Serum Proteins in Diabetes", *Metabolism-clinical & Experimental*, Vol.38(11),1989, pp.1042-1046. 赵芝俊、张社梅：《近20年中国农业技术进步贡献率的变动趋势》，《中国农村经济》2006年第3期。董运来、赵慧娥、王大超：《基于全要素生产率的辽宁省农业经济发展方式转变分析》，《农业技术经济》2008年第6期。郑循刚：《基于组合评价的中国农业生产技术效率研究——基于2000—2007的面板数据》，《科技管理研究》2010年第7期。Wang H. I., Ni Q., Wen J. F. et al., "Economic Efficiency Evaluation of National Economic Development Zones Based on DEA and SFA", *IEEE the International Conference on Industrial Engineering & Engineering Management*, 2010.

②　孟令杰、顾焕章：《度量生产率变化的非参数方法》，《数量经济技术经济研究》2001年第2期。

③　涂正革、刘磊珂：《考虑能源、环境因素的中国工业效率评价——基于SBM模型的省级数据分析》，《经济评论》2011年第2期。庞瑞芝、李鹏、路永刚：《转型期间我国新型工业化增长绩效及其影响因素研究——基于"新型工业化"生产力视角》，《中国工业经济》2011年第4期。王兵、朱宁：《不良贷款约束下的中国上市商业银行效率和全要素生产率研究——基于SBM方向性距离函数的实证分析》，《金融研究》2011年第11期。田银华、贺胜兵：《环境约束下地区全要素生产率增长的再估算：1998—2008》，《系统工程》2010年第11期。李谷成、范丽霞、闵锐：《资源、环境与农业发展的协调性——基于环境规制的省级农业环境效率排名》，《数量经济技术经济研究》2011年第10期。涂正革、谌仁俊：《排污权交易机制在中国能否实现波特效应？》，《经济研究》2015年第7期。

④　牛敏杰、赵俊伟等：《我国农业生态文明水平评价及空间分异研究》，《农业经济问题》2016年第3期。

率模型。[①]韩海彬等（2014）、王宝义和张卫国（2016）对省域层面的效率做了收敛性分析，这些都对农业绿色发展的评价方法做了有力的补充。[②]

（三）众多学者对农业绿色发展的影响因素进行了深层次挖掘

从微观角度来看，现有研究主要在农药与化肥（何浩然等，2006）的使用上做详细研究，他们认为农业化学品的使用是造成污染的主要原因，农药与化肥的过量使用直接加重了面源污染产生（饶静和纪晓婷，2011；邱君，2007），[③]而且要素市场的扭曲对化肥农业面源污染的排放有显著的激发作用（葛继红和周曙东，2012），因此在不损害农户利益的条件下，农药化肥的市场化改革与农资补贴方式的变更可能是控制面源污染的有力手段之一。[④]另外禽畜养殖业（周力，2011；金书秦等，2018）的排放作为农业污染排放的主要来源之一也时常被作为重点研究的对象。因此，"农药与化肥的零增长政策"和"禁养"政策相继出台，为农业环境污染治理打下了坚实的基础。[⑤]从中观角度来看，部分学者将研究的视角聚焦在农户的生产行为与经营

---

①　崔晓、张屹山：《中国农业环境效率与环境全要素生产率分析》，《中国农村经济》2014年第8期。

②　韩海彬、赵丽芬、张莉：《异质型人力资本对农业环境全要素生产率的影响——基于中国农村面板数据的实证研究》，《中央财经大学学报》2014年第5期。王宝义、张卫国：《中国农业生态效率测度及时空差异研究》，《中国人口·资源与环境》2016年第6期。

③　何浩然、张林秀、李强：《农民施肥行为及农业面源污染研究》，《农业技术经济》2006年第6期。饶静、纪晓婷：《微观视角下的我国农业面源污染治理困境分析》，《农业技术经济》2011年第12期。邱君：《我国化肥施用对水污染的影响及其调控措施》，《农业经济问题》2007年第1期。

④　葛继红、周曙东：《要素市场扭曲是否激发了农业面源污染——以化肥为例》，《农业经济问题》2012年第3期。

⑤　周力：《产业集聚、环境规制与畜禽养殖半点源污染》，《中国农村经济》2011年第2期。金书秦、韩冬梅、牛坤玉：《新形势下做好农业面源污染防治工作的探讨》，《环境保护》2018年第13期。

行为上（袁平和朱立志，2015），从生产主体的角度探讨农业污染治理的方式，认为更高的受教育水平、更大的生产规模和更科学的生产方式是有效降低污染的重要途径。[①] 从宏观角度来看，土地制度、人口结构、收入水平、城镇化、技术进步等方面成为探讨的重点（李静等，2012；王宝义和张卫国，2018；吴义根等，2017；张晖和胡浩，2009；葛继红和周曙东，2012）。[②]

（四）关于农业环境规制的研究

与工业环境治理不同的是，农业环境污染属于面源污染，并很难找到准确的污染排放点进行源头治理。正因如此，有部分专家学者选择参考工业环境规制的方法，试图探索农业市场化环境治理的手段。格里芬和布罗姆利（Griffin & Bromley，1982）认为，鉴于存在严重的信息不对称问题，农业面源污染必须从源头加以管控，在此基础上，他们设计了一种投入税制度，即从源头上对农业和化肥等造成面源污染的生产资料征税；[③] 梅兰和施瓦尔贝、塞格森（Schwalbe，Meran，Segerson，1987）首次提出使用环境税来控制农业面源污染问题，通过建立一种固定罚款和总体税收的机制对污染者进行征税，学术界通常将这种机制称为塞格森机制，塞格森机制奠定了环境税控制

---

① 袁平、朱立志：《中国农业污染防控：环境规制缺陷与利益相关者的逆向选择》，《农业经济问题》2015 年第 11 期。

② 李静、李红、谢丽君：《中国农业污染减排潜力、减排效率与影响因素》，《农业技术经济》2012 年第 6 期。王宝义、张卫国：《中国农业生态效率的省际差异和影响因素——基于1996—2015 年 31 个省份的面板数据分析》，《中国农村经济》2018 年第 1 期。吴义根、冯开文、李谷成：《人口增长、结构调整与农业面源污染——基于空间面板 STIRPAT 模型的实证研究》，《农业技术经济》2017 年第 3 期。张晖、胡浩：《农业面源污染的环境库兹涅茨曲线验证——基于江苏省时序数据的分析》，《中国农村经济》2009 年第 4 期。葛继红、周曙东：《要素市场扭曲是否激发了农业面源污染——以化肥为例》，《农业经济问题》2012 年第 3 期。

③ Griffin R. C.,Bromley D. W., "Agricultural Runoff as a Nonpoint Externality: A Theoretical Development",*American Journal of Agricultural Economics*, Vol.64(4), 1982 , pp.547–552.

农业面源污染的框架。[①]随后，契帕迪叶（Xepapadeas，1995）沿着塞格森机制的思路，提出集体罚款机制和随机罚款机制这两种面源污染的规制方式，但是当污染的主体处于风险中性并且面临罚款的概率相同时，这种罚款机制会由于激励不相容问题导致失灵，只有在污染主体足够厌恶风险的情况下，才能在纳什均衡中实现，让污染主体按照政策目标执行。[②]汉森（Hansen，1998）在契帕迪叶的基础上，进一步对塞格森机制中环境损害函数是否为线性的问题做了细致的探讨，他认为，塞格森机制在面对线性的环境损害函数时，能够激发出最优产出和减排水平，但是当环境损害函数为非线性时，就无法针对每一个污染者核算不同的税率，每个污染者支付的税收都会受到其他污染者的影响，而且塞格森机制鼓励污染者合谋，从而使政策失效。因此，汉森在此基础上，建立了一种环境损害税机制，由污染者通过市场机制合作实现，当环境损害函数为非线性时，环境规制着不必知晓污染者的排放函数，能在维持短期产出最优水平时，也能减少污染者的合谋，虽然这种操作方式很难达到纳什均衡，但是也从侧面证明了环境税在农业面源污染治理上的可能性。[③]赖克胡伯（Reichhuber，2009）对埃塞俄比亚农民实施了一个农业面源污染的现场实验，他们比较了两种不同类型的环境税机制的效果，结果表明高税收的机制更能达到效率，而低水平的税收机制更容

① Meran G., Schwalbe U., "Pollution Control and Collective Penalties" ,*Journal of Institutional & Theoretical Economics*, Vol.143(4),1987,pp.616–629.

② Xepapadeas A., "Managing the International Commons: Resource Use and Pollution Control" ,*Environmental & Resource Economics*, Vol.5(4),1995, pp.375–391.

③ Hansen L. G., "A Damage Based Tax Mechanism for Regulation of Non–Point Emissions" ,*Environmental & Resource Economics*, Vol.12,(1),1998,pp.99–112.

易产生合谋问题。[①]

二、关于农业碳排放的文献梳理

农业碳排放是农业生产的必然产物，其表现出的高碳特征归根结底源于生产效率低下、生产方式落后、规模效应不明显等原因。实现农业低碳发展既是达到"双碳"目标的重要一环，又是倒逼农业供给侧结构性改革、现代化农业推进和农业经济高质量发展的重要途径。然而，引起农业碳排放量增加和强度提升的因素众多而且复杂，准确识别其中的关键因素，才能有的放矢地制定科学合理的减排政策。由于农业碳排放来源及传导的复杂性，学术界主要是从碳排放测算、碳约束下的农业生产率、低碳发展模式等角度进行研究，但对于减排机理所开展的系统考察还比较匮乏，其中虽然已有文献对减排机理做了较为细致的研究，但基本都是假定个体独立，并未考虑研究个体之间的关联，从这些文献的研究内容与方法上看，主要可以分为以下三类。

（一）关于农业碳排放区域特征的研究

卢等人（2018）统计了六种农业碳排放源，并分析了中国31个省级行政单位农业碳排放的差异与演化过程。[②]张广胜和王珊珊（2014）采用生命周期评价法构建中国农业碳排放体系，并分析了中国农业碳排放的总量、结构和碳排放特征。[③]伍国勇等（2021）利用

---

① Reichhuber A., "A Framed Field Experiment on Collective Enforcement Mechanisms with Ethiopian Farmers", *Environment and Development Economics*, Vol.14(5), 2009, pp.641–663.

② Lu X.,Kuang B.,Li J. et al., "Dynamic Evolution of Regional Discrepancies in Carbon Emissions from Agricultural Land Utilization: Evidence from Chinese Provincial Data", *Sustainability*, Vol. 10(2),2018, p.552.

③ 张广胜、王珊珊：《中国农业碳排放的结构、效率及其决定机制》，《农业经济问题》2014年第7期。

了基尼系数、核密度估计等方法描述出中国农业碳排放强度的分布形态验证了中国农业碳排放强度整体相对差异确实具有明显的波动以及演进趋势。[①] 曾福生和刘俊辉（2019）使用组合数据包络分析模型评估了中国农业生态效率，运用空间自相关分析法进行分析中国农业生态效率的空间差异。[②] 关于农业碳排放的区域差异及分布特征的研究对于推动中国农业绿色发展具有重要意义，且农业面源污染、农业碳排放、农业水土资源利用这三个维度从来都不是一个单一的问题，而是相互联系、相互缓解的。解春艳等（2021）在分析农业面源污染及农业碳排放之间的内在机理中提供了新的思路，他们在纳入了农业面源污染统一分析框架的基础上增加了中国农业碳排放指标，发现了中国农业碳排放强度在省域与区域两种不同层面上的区域差异。[③] 在农业水资源利用方面，闫桂权等（2019）则在投入产出不变的既定条件下，构建了以"蓝水—绿水"为中心的分析框架，通过绿色技术进步来改善农业水资源的利用，可以缓解农业面源污染日益严重的趋势，减少农业碳排放量。[④] 学者们对于中国农业碳排放强度的区域差异、时空格局特征的分析，还可以采用泰尔指数（Theil Index）、重标极差分析法（Rescaled Range Analysis，R/S）及空间分析法等相关方法研究农业功能区碳排放强度的差异性。夏四友等（2020）通过实证分析，

①　伍国勇、刘金丹、杨丽莎：《中国农业碳排放强度动态演进及碳补偿潜力》，《中国人口·资源与环境》2021年第10期。

②　曾福生、刘俊辉：《区域异质性下中国农业生态效率评价与空间差异实证——基于组合DEA与空间自相关分析》，《生态经济》2019年第3期。

③　解春艳、黄传峰、徐浩：《环境规制下中国农业技术效率的区域差异与影响因素——基于农业碳排放与农业面源污染双重约束的视角》，《科技管理研究》2021年第15期。

④　闫桂权、何玉成、张晓恒：《绿色技术进步、农业经济增长与污染空间溢出——来自中国农业水资源利用的证据》，《长江流域资源与环境》2019年第12期。

得出了各省域农业碳排放强度具有明显区域分布特征的结论。[①] 本书认为，通过众多学者对中国农业碳排放区域差异的研究，不难发现，中国各省区的生态农业发展存在明显的区域差异，东中西部之间也存在较大差异。在农业碳排放区域差异的视角下，东部地区内部差异主要还是集中在经济和技术发展水平的差异。

（二）关于农业碳排放核算的研究

很多探讨碳排放因素的研究是以投入产出模型为分析框架，即使用数据包络分析及其衍生模型等非参数方法，计算碳约束下的农业生产效率，并采用计量分析方法对农业生产效率的影响因素进行考察（王惠和卞艺杰，2015）。[②] 这种核算方法可能存在两个问题，一是在农业部门碳排放量统计上，仅考虑主要能源的使用，忽略了在农业生产过程中电力和热力对于能源的消耗，计算结果难免出现偏误；二是效率差异与投入产出指标的选取直接相关，很难解决效率指标与效率影响因素的内生性问题。在中国农业从传统农业向现代绿色生态农业转型的进程中，由于传统的核算方法所估算出的碳排放核算结果普遍低于实际碳排放量，因此更加精确全面地隐含碳排放（Embodied CO_2 Emission）核算方法逐渐被广大学者使用，这种核算方法的核算结果为中国农业的转型升级提供了更加准确可靠的依据。与传统的碳排放核算方法相比，隐含碳排放核算不仅包含农业能源直接使用的碳排放，还将因中间载能材料的消耗产生的碳排放纳入核算范围内，这种

---

① 夏四友、赵媛等：《近20年来中国农业碳排放强度区域差异、时空格局及动态演化》，《长江流域资源与环境》2020年第3期。

② 王惠、卞艺杰：《农业生产效率、农业碳排放的动态演进与门槛特征》，《农业技术经济》2015年第6期。

更加科学合理的碳排放核算方法更能准确而全面地核算农业生产过程中的实际碳排放量（戴小文，2014）。[①] 黄祖辉和米松华（2015）对浙江省的农业隐含碳排放进行测算，结果显示畜禽粪便自然堆积产生的碳排放量同样占据了浙江省农业碳排放总量很大的比重。[②] 值得一提的是，中国的农业投入品（如化肥、农药等）在其生产过程中的碳排放通常被计入工业产出的范围内，但是严格来讲，这也属于农业的隐含碳排放（金书秦等，2021）。[③] 在农业设施碳排放核算方面，尹岩等（2021）将五大碳排放源（农膜投入、能源消耗、农药化肥投入、气肥施用、设施土壤）作为核算对象，来估算我国三种设施农业（连栋温室、日光温室、塑料大棚）的碳排放量以及碳排放强度。[④] 本书认为，中国农业碳排放量的精确核算主要集中以下几个方面：在农业投入品（化肥、农药、农膜等）在生产运输过程中的碳排放；因耕作、灌溉、施肥等管理措施造成的畜禽粪便碳排放；农业设施直接使用能源的碳排放；农田土壤有机物分解产生的碳排放；水田淹水厌氧发酵产生的甲烷排放，机械设备灌溉消耗电力的碳排放。准确的农业碳排放核算对中国农业绿色发展具有重要的现实意义，有助于为当地政府准确寻找低碳农业发展方向提供可靠数据，有效制定相应的低碳减排政策，促进地区提高生态农业效益，加快农业绿色转型进程，合理调整农业

---

①　戴小文：《中国农业隐含碳排放核算与分析——兼与一般碳排放核算方法的对比》，《财经科学》2014 年第 12 期。

②　黄祖辉、米松华：《农业碳足迹研究——以浙江省为例》，《农业经济问题》2011 年第 11 期。

③　金书秦、林煜、牛坤玉：《以低碳带动农业绿色转型：中国农业碳排放特征及其减排路径》，《改革》2021 年第 5 期。

④　尹岩、郗凤明等：《我国设施农业碳排放核算及碳减排路径》，《应用生态学报》2021 年第 11 期。

结构，改善农民的生活质量水平。

（三）关于农业碳减排机制的研究

自中国签订《巴黎协定》以来，学者们对于中国碳减排政策的研究逐渐成熟，基本涉及中国经济体系中的各个方面，研究所得的成果也为我国实现"双碳"目标打下了坚实的基础。然而在现有的碳减排研究热潮中仍然存在一些不足，比如碳减排的研究必须有现有农业经济社会效应的全貌考察，以便契合不同地区的农业经济发展现状，有利于当地政府因地制宜地制定农业减排政策。如伊斯梅尔等人（Ismael et al.，2018）从机械、补贴及其他转移支付方面分析了农业增加值和收入对碳减排的影响。[①] 田云和陈池波（2021）构建了以各地区农业碳排放权初始余额作为依据的农业碳排放权奖惩制度，然后将其与农业碳汇补贴制度相结合，进而形成了新型农业碳减排补偿机制。[②] 通过以上所述的研究成果不难发现，学者们的研究视角随着大量的碳减排研究成果而变得越发多样，但关于可以深远影响我国农业社会经济发展的技术因素的研究还有所欠缺，厘清农业技术进步对我国农业绿色发展的影响机制则有着重要的理论及现实意义（田云和尹忞昊，2021）。[③] 由此可见，全貌考察碳减排政策对中国农业体系各方面的影响，是对我国全面推进农业绿色发展的重要补充，是我国实现乡村振兴及高质量发展的基础，更是我国实现"双碳"

[①]　Ismael M., Srouji F., Boutabba M. A., "Agricultural Technologies and Carbon Emissions, Evidence from Jordanian Economy", *Environmental Science & Pollution Research*, Vol.(1), 2018, pp. 10867–10877.

[②]　田云、陈池波：《市场与政府结合视角下的中国农业碳减排补偿机制研究》，《农业经济问题》2021年第5期。

[③]　田云、尹忞昊：《技术进步促进了农业能源碳减排吗？——基于回弹效应与空间溢出效应的检验》，《改革》2021年第12期。

目标的重要组成部分。

三、关于农业水资源的文献梳理

（一）农业生产对水污染的影响研究

就对水污染的影响而言，农业面源污染与工业污染排放有本质的区别：一是污染的排放口不可见。工业污染一般为点源污染，工业企业的排放均有一个固定的排放口，在治理和监管上有相当明确的目标与观测点；但农业污染的排放往往是由于化肥与农药的使用，未被作物吸收的残余部分随着雨水进入河道或者地下水，并没有一个明确的排放口（潘丹，2013）。[①]二是排放的污染物不同。农业面源污染的排放主要是氮磷元素，主要来源于农药和化肥，工业污染物较为复杂（金书秦和武岩，2014），[②]如造纸行业的化学需氧量（COD）排放较其他工业行业更高，而化工行业的冷却水排放中往往含有各种大量的有毒物质，对水生态的影响更为严重。那么农业生产对水环境是否存在显著影响呢？这便需要厘清两个方面的问题，一是究竟有多少农业面源污染排放进入水体，二是在排放过程中降雨的携带和稀释作用是否对水环境产生了巨大的影响。对于问题一而言，因现有的水污染监测体系与农业面源污染排放的特征原因，学者对此的研究大量集中在农业面源污染排放量和与水污染之间的关系上，而对于这些污染物进入河道和地下水的量并没有准确的衡量，如金相灿等（1999）对太湖流域的污染进行了分析，发现

---

① 潘丹著：《基于资源环境约束的中国农业绿色生产率研究》，中国环境出版社2013年版。
② 金书秦、武岩：《农业面源是水体污染的首要原因吗？——基于淮河流域数据的检验》，《中国农村经济》2014年第9期。

农业排放的总氮和总磷分别占总排放量的 31.57% 和 15.05%。[①] 聂隽等（2012）通过研究巢湖的污染中，估算得到 69.54% 的总氮和 51.71% 的总磷排放来自农业生产，而进入滇池外海的污染中，农业排放的总氮与总磷分别占据总排放量的 53% 和 52%。[②] 纳加尔（Nagare et al.，2012）通过研究长江、黄河和珠江三大流域，发现面源污染的排放占据了总排放量的一半。[③] 对于问题二而言，有少量研究将农业面源污染对水体的影响聚焦在降雨上。在丰水期，农业排放是导致博尔塔拉河污染高于其他河流的主要原因；而在枯水期，淮河流域的农业面源污染影响更甚（金书秦等，2009）。[④] 金书秦和武岩（2014）以淮河流域的数据检验了不同污染程度的河流断面中农业面源污染的影响，在轻度和无污染区域，降水携带农业面源污染物进入水体提高了污染浓度；在中度污染区域，施肥季节对于水体污染产生显著的正向作用；而在重度污染区，农业污染的排放并不显著，他将这种现象解释为工业化和城镇化还是带来水体污染的重要原因，对于农业污染而言，应该在特定的时间和区域进行相应的规制和治理。由此看来，农业源对于水体污染的影响还是显著存在，但是还不是水体污染的主要来源，而且降水过程可能是造成农业源排放的

① 金相灿、叶春、颜昌宙等：《太湖重点污染控制区综合治理方案研究》，《环境科学研究》1999 年第 5 期。

② 聂隽、陈红枫、程娜等：《区划调整后巢湖水污染治理的机遇与挑战——基于排污权交易的巢湖水质管理研究》，《中国环境管理》2012 年第 4 期。

③ Nagare H., Fujiwara T., Inoue T. et al., "Nutrient Recovery from Biomass Cultivated as Catch Crop for Removing Accumulated Fertilizer in Farm Soil", *Water Science & Technology*, Vol.66(5), 2012, p.1110.

④ 金书秦、魏珣、王军霞：《发达国家控制农业面源污染经验借鉴》，《环境保护》2009 年第 20 期。

重要因素之一。[①]

（二）对水污染治理的研究

"河长制"是采取的水污染治理政策中最全面和有效的命令控制机制，然而学者们还是将工业点源污染视作水污染产生的主要来源，从而忽视了农业面源污染带来的影响。沈坤荣和金刚（2018）在探讨河长制的政策效应中发现，地方政府可能在治理过程中出现粉饰性治污的行为，而在治理过程中应全面治理工业点源污染。[②]郑淑娴等人（Zheng S. et al.，2014）除探讨边界水体污染的治理外，还将地方政府官员的升迁纳入考虑范围，重点探讨了工业水污染的跨界治理可能。[③]此外，在"河长制"政策的背景、演进和扩散上，也有部分文献做了细致的阐述（常铁军和元帅，2018；王洛忠和庞锐，2018），[④]但是这些研究都忽视了农业面源污染给水体污染带来的影响。农业生产是水环境污染的一个重要污染源，由于对水污染的治理忽视了农业面源的影响，一系列治理水污染的措施也是针对工业点源污染，对于治理农业面源污染可能并不适用。因此，在农业面源污染成为我国水污染的主要来源的情况下，急需相对应的解决办法。

---

①　金书秦、武岩：《农业面源是水体污染的首要原因吗？——基于淮河流域数据的检验》，《中国农村经济》2014年第9期。

②　沈坤荣、金刚：《中国经济增长40年的动力——地方政府行为的视角》，《经济与管理研究》2018年第12期。

③　Zheng S., Kahn M. E., Sun W., et al., "Incentives for China's Urban Mayors to Mitigate Pollution Externalities: The Role of the Central Government and Public Environmentalism"，*Regional Science & Urban Economics*, Vol.47,No.1(2014),pp.61-71.

④　常铁军、元帅：《"空间嵌入"与地方政府治理现代化》，《中国行政管理》2018年第9期。王洛忠、庞锐：《中国公共政策时空演进机理及扩散路径：以河长制的落地与变迁为例》，《中国行政管理》2018年第5期。

（三）对农业用水成本的研究

根据西方经济学价格理论，供给法则、机会成本和边际效应等都是农业用水定价的理论依据。在这其中，基于边际效应的边际成本定价方法应用广泛，我国于 20 世纪 90 年代初开始研究水资源定价问题，在承受能力、行为选择与农户灌溉成本收益方面展开了大量且具体的研究。李智和张慧芳（2011）则从作物水分函数出发，探讨了农户对于农业用水的承受极限和价格问题，分析了河北省冬小麦在不同灌溉用水区间的小麦承受极限水价。[1]易福金等（2019）通过构建局部均衡模型，分析计量水价、定额管理和按亩收费的水价政策对于农业生产的影响，认为水资源的节约虽然使农业部门的整体福利下降，但是不会给农业生产者带来任何生产利润的损失。[2]因为农业用水价格严重背离价值，以至于农业生产用水的利用效率低下，甚至严重浪费，因此刘新平（2007）认为只有水价实现价值回归并建立有效的市场机制，这样才能引导人们在追求个人利益的同时自觉地、主动地节约和利用水资源。[3]贺晓英和谷耀鹏基于不确定性理论，在对水期权进行定价的基础之上，以引汉济渭工程受水区用水企业水期权为例进行实证研究，对应用水期权的收益进行分析，以期为企业带来用水成本的节约和潜在增加值的增加（贺晓英和谷耀鹏，2020）。[4]另外，刘莹等（2015）、菲克（Feike，2015）等

---

① 李智、张慧芳：《理论极限灌溉水价探讨》，《水利经济》2011 年第 2 期。

② 易福金、肖蓉、王金霞：《计量水价、定额管理还是按亩收费？——海河流域农业用水政策探究》，《中国农村观察》2019 年第 1 期。

③ 刘新平：《干旱区农业用水价格形成机制的经济学分析》，《干旱区地理》2007 年第 2 期。

④ 贺晓英、谷耀鹏：《基于不确定性理论的水期权交易及其定价研究——以引汉济渭工程为例》，《干旱区资源与环境》2020 年第 7 期。

对不同水价政策作出了具体的分析，但是大部分实证研究并未考虑到农业污染因素的影响。事实上，一方面，单独考虑农业用水价格问题可能忽略了面源污染可能带来的成本增加效应；另一方面，仅对于微观单元的分析忽略了社会总体农业用水成本。[①] 因此，有必要在绿色发展分析框架内探讨农业用水的成本，找到农业节水的宏观因素。

① Feike T., Mamitimin Y., Lin L, et al., "Development of Agricultural Land and Water Use and Its Driving Forces along the Aksu and Tarim River, P.R. China" ,*Environmental Earth Sciences*,Vol. 73,No.2(2015),pp.517–531. 刘莹、黄季焜、王金霞：《水价政策对灌溉用水及种植收入的影响》，《经济学（季刊）》2015 年第 4 期。

第二章 农业绿色发展的内涵与外延

第一节 农业绿色发展的内涵

农业绿色发展是整个绿色发展的基础，其基本内涵是以绿色的发展理念引领农业，将优质农产品及农业生态产品的持续供给作为目标，将资源节约型、环境友好型和生态保育型技术装备作为支撑，以此建立起多方面相互协调的农业生态体系的一个发展过程。

随着乡村振兴战略的深入实施，农业绿色发展出现了农业发展理念的转变、发展动能转换、发展方式转化、发展环境优化等多方面的难得机遇，在此过程中，居民消费结构的持续升级、农业农村科技的不断进步、资金与政策的优先投入，都利于加速推进农业绿色发展的进程。然而，农业绿色发展的进程并非一帆风顺，依然受到农业绿色产品开发不足、标准与管理依旧滞后、政策支持体系尚不健全、农业绿色技术研发与成果转化能力较为薄弱等诸多严峻的挑战。

农业绿色发展还需构建农业绿色产业体系。创新发展绿色优质高效特色农业，合理调整粮经饲结构，大力发展绿色、有机和地理标志特色农业种植。整合各类农业园区，建设绿色化、标准化、规模化、产业化优质高效生产基地，提升特色优势产业质量和效益。发展生态健康养殖，加强标准化规模养殖基地建设，推进养殖业清洁生产和产业模式生态化，推广节水、节料等清洁养殖工艺和干燥粪、微生物发酵等实用技术，积极推进国家畜禽养殖标准化示范场创建，扩大稻渔综合种养规模。创新和培育农业新兴功能，促进农业、农村"生态、生产、生活"高度融合，大力发展乡村旅游、休闲观光农业、乡村民宿、农耕体验、康养基地等绿色产业和绿色消费，推进农村第一二三产业融合发展，延长农业绿色产业发展链条。

农业绿色发展要成为乡村振兴的内在要求，需加速实现农业农村现代化。构建现代农业经营体系。有序引导整村土地流转，抓好家庭农场和农民合作社两类经营主体，鼓励发展多种形式适度规模经营。推进农民合作社质量提升，加大对运行规范的农民合作社扶持力度。健全社会化服务体系，加快培育专业化、市场化服务组织，鼓励农业生产性服务业更好地为小农户生产发展服务。开发休闲农业和乡村旅游精品线路，完善配套设施，实现乡村生态价值向经济价值转换。

第二节　农业绿色发展的外延

农业绿色发展的理念是农业可持续发展理念的延伸。农业的本色就是绿色，绿色发展要求我们不能只考虑当代人的需求，而漠视子孙后代对于资源和环境的需求；绿色发展要求我们不能只追求经济的发展，而忽略对资源和环境的保护和治理。不仅如此，按照农业绿色发展理念的要求，应该加快农业生产方式的绿色转型，节约资源和提高资源的利用率，推动农业生产技术的进步，加强农业面源污染的治理，关注"双碳目标"的实现路径，形成绿色的生活方式、产业结构及生产方式。

一、农业绿色生产方式的转型

中国自古以来就强调人与自然的和谐相处、注重农业生产的可持续发展，而且的确把这种生产理念贯彻到了农业生产实践活动的方方面面。但是由于人口的快速增长，传统的农业生产方式远远不能满足人民对美好生活的需求，现代化的生产方式成为人民的首选，虽然这种生产方式极大地增加了粮食产量，解决了我们几千年的困惑，但人与自然也因此站在了对立面，消耗着本属于我们子孙后代的资源，不加以节制地破坏我们赖以生存的环境。党的二十大报告提出，全面推进乡村振兴，加快建设农业强国，赋予了农业绿色发展新的含义。绿色生产方式不是空口白话，要努力构建一种环境污染少、科技含量高、资源消耗低的新型产业结构，为绿色产业的发展添砖加瓦，这也是符合大众的生活方式，必然会成为社会经济发展新的长远的增加点。构建农业绿色产业发展链条，创新发展绿色优质高效特色农业，合理调整粮食结构，大力发展绿色、有机和地理标志特色农业种植。整合各类农业园区，建设绿色化、标准化、规模化、产业化的优质高效生产基地，提升特色优势产业质量和效益。

二、水土资源的节约利用

根据中国水利部在2003年的《中国的水土保持》中的报告可知，自新中国成立以来，中国因水土资源流失而损失的耕地面积达2.67万平方千米，平均每年超过666.67平方千米。因水土流失造成退化、沙化、碱化的草地约 100 万平方千米，占中国草原总面积的 50%。20世纪 90 年代以来，沙化土地每年扩展 2460 平方千米。[1] 而导致生态环境恶化、水土资源流失严重的原因除了一些特殊的自然地理、气候条件外，主要还是人为因素，如不合理的开发建设、过度砍伐、过度开垦、过度放牧等。进入 21 世纪以来，中国的发展逼近工业文明的生态红线、环境底线和资源上线，可持续发展挑战不断凸显（潘家华，2019）。[2] 为了更好地践行"绿水青山就是金山银山"的发展理念，实现经济高质量发展，迫切需要将保护水土资源与生态环境建设确立为经济社会发展的一项重要的基础工程。

水土资源保护工作是一项综合性的生态环境治理工程。[3] 单地区的单项水污染治理政策或土地资源修复保护政策都很难达到改善生态环境和实现区域社会经济可持续发展的目标。综合性的水土资源治理策略的效果往往会更显著。

（一）强化水土资源保护与综合管理体系

一方面，严格遵守、执行《水土保持法》的相关规定，通过各种网络、媒体、教育等宣传手段，强化公众的资源保护意识和法制敬畏之心，对于人为破坏水土资源，造成水土资源流失的行为和个体，坚决采取法律手段严惩不姑息。另一方面，管理制度、管理体系的完善也对提高水土资源保持和配置效率具有重要作用。我国水土资源的分布极不平衡，且数量在时程上变化也很大，其广布性和流动性等特点

---

① 刘震：《中国的水土保持现状及今后发展方向》，《水土保持科技情报》2004 年第 1 期。

② 潘家华：《新中国 70 年生态环境建设发展的艰难历程与辉煌成就》，《中国环境管理》2019 年第 4 期。

③ 沈国舫：《生态环境建设与水资源的保护和利用》，《中国水利》2000 年第 8 期。

导致资源可控性差、管理成本较高，这也是水土资源浪费严重的重要原因。因此，加强水土资源的综合管理和综合管控，强化政府部门对水体资源的宏观调控，利用水土资源的特点，运用产权管理、价格管理等市场经济手段提升水土资源的综合利用效率。综合管理体系可以根据不同地区特点，调整其农牧业的生产方式。在生态脆弱地区加大管控力度，控制人为活动，长期封山禁牧禁渔。因地制宜，东西南北各地区的自然地理环境不尽相同，存在的生态问题也不一样，西北地区应促进退耕还林还草；东北黑土区应大力推行保土、保耕、保植被；北方土石区则要注重保护水源，滋养树林；风沙区则需要营造防风固沙林带。

（二）开发水土资源高效持续利用的新技术体系

保护生态环境和提高水土资源的利用效率是 21 世纪农业绿色发展的首要任务，也是农业技术发展的主要开发方向。做好水土保持科学普及和技术推广工作，形成水土资源高效持续利用的新技术体系，需要重点开发以下两类技术：一类是土壤技术。通过科学施肥和固土培肥技术，保持和不断改善土壤质量，提高土地的生产力，丰富现有土壤的微生物含量，提升自然的修复能力，为作物生长提供优异的自然条件和生态环境以达到提高植被覆盖度，减轻水土流失的效果。如采用新的施肥方法、施用新型化肥、新的种植培育技术。另一类是节水技术。保护水资源，提高用水效率。当前水资源紧缺和用水需求量大的矛盾日益严重，需要新型的节水灌溉技术的创新应用来缓解，如新型节水技术、新型灌溉技术以及高新灌溉设备的应用。新技术体系的建设需要不断学习、借鉴和吸收国外水土资源保护方面的先进技术、先进管理方法和先进理念，以此来促进我国水土资源持续利用的新技术体系形成。

三、农业生产技术的进步

自党的十九大以来，我国经济已经迈向高质量发展阶段，农业作为维持国民经济正常运转的基础产业，其发展质量对工业、第三产业有着深远的影响，而绿色农业技术的创新与进步对农业劳动力转移、绿色农业转型、提高农业生产效率、减少农业碳排放量等发挥着极其重要的作用（刘宇薇和汪红梅，2022）。[①] 为了稳步实现中国绿色农业发展，党中央对于构建绿色农业技术体系给予高度重视。根据中共中央办公厅通过的《关于创新体制机制推进农业绿色发展的意见》有关部署，国家要着力构建支撑农业绿色发展的技术体系，大力推动生态文明建设和农业绿色发展。[②] 农业农村部发布的《农业绿色发展技术导则（2018—2030 年）》指出：为了缓解农业资源紧张、环境污染问题突出、生态系统承载力退化等问题，努力实现绿色农业的生产、生活、生态协调统一，可持续发展，形成保护生态环境和合理配置自然资源的空间格局、产业结构、生产方式、生活方式，迫切需要强化农业绿色发展技术的创新驱动，调整农业绿色发展技术创新方向，优化科技资源时空布局，整改科技组织方式，构建支撑农业绿色发展的技术体系。这种以绿色为导向的农业技术体系涵盖了绿色投入品、节本增效技术、生态循环模式、绿色标准规范四种主攻方向，涉及创新绿色低碳种养结构与技术模式、绿色乡村综合发展技术与模式、加强农

---

① 刘宇薇、汪红梅：《农业技术进步、劳动力转移与农业高质量发展》，《税务与经济》2022 年第 2 期。

② 《农业绿色发展技术导则 (2018—2030 年)》，《农技服务》2019 年第 1 期。

业绿色发展基础研究、完善绿色标准体系等共 25 项技术创新细则，最后还需要为农业绿色发展提供坚实可靠的保障措施（如加大科技投入，完善支持政策；强化基础性长期性工作，夯实科技创新基础；加强国际合作，统筹利用好两个市场两种资源等）以确保该体系尽快完成建设，并取得预估的成效。

四、农业面源污染的治理

在世界范围内，农业面源污染正逐步成为水体污染的重要原因之一，对农业面源污染的治理不仅是水污染清洁的重中之重，也是农业现代化和农业绿色发展之路上必须解决的一项难题。中国是一个农业大国。地少人多是我国农用土地的现状。而近年来农村劳动力大量往城市转移，为了保障粮食供给安全，农田氮、磷养分总用量不断增加，使得农业面源污染不断加重，农业面源污染治理迫在眉睫。西方国家比我国更早注意到农业面源污染问题，在研究和治理农业面源污染问题上已经积累了丰富的理论和实践经验。

（一）制定农业面源污染的政策和法规

各地方政府部门应该在国家颁布的政策和法规框架内，根据当地的自然地理生态环境以及农业生产水平，制定出符合当地农业发展的标准和对策。部分国家还将面源污染分为城区面源、农田面源、畜禽场面源来分别加以控制。[①]农业包括农、林、牧、副、渔五大产业，其中作物种植和禽畜饲养是最重要的两大产业，同时也是农业面源污染的主要来源。不同地区的种养业和畜牧业在当地农业的比重差异比

---

① 张维理、武淑霞等：《中国农业面源污染形势估计及控制对策Ⅱ. 欧美国家农业面源污染状况及控制》，《中国农业科学》2004 年第 7 期。

较大，因此应该依据地区特色，设定不同的土壤和水质检测标准，可以采用简单而直观的图、表的形式给农户普及、宣讲相关政策，引导农业生产者科学地平衡投入和产出，杜绝过度使用氮素化肥和农药、破坏土壤肥力、加重土壤污染的行为。除了严格的惩罚制度外，还需要对进行农业绿色生产行为的生产主体以政策补贴的方式进行经济奖励，以此来激励其他生产者的绿色生产行为，如德国萨克森州的规定，农民从事氮肥用量减少 20%—50% 的生态农业模式或综合农业模式的经营，每公顷可得到 80—1500 马克的补贴。通过绿箱政策，推动环境友好型生产方式发展，从而有效从源头减少农业面源污染。

（二）推广环境友好型生产技术的应用

除了通过政策控制来规范或激励农业生产者减少农业面源污染外，还可以通过推广操作简单、低成本的环境友好型生产技术的应用来替代传统的农业生产方式。如北美发达国家就很少对农业生产者进行农业补贴，而是鼓励农民自愿选择采用环境友好型的替代技术。这些新型技术的主要优点是不会或极少增加农民的生产成本，不会给生产者带来负担，但可以做到有效减少农田和场地氮、磷径流和淋溶。同时，要想有效进行面源污染控制，关键还需要制定和执行科学的农业生产技术标准，因此各地政府需要对农业面源污染的各个环节做大量的基础性研究，才能最大限度地保证这些技术标准的制定既有较大的控制效力，又适合当地条件，不增加或尽可能少增加农民和政府的额外负担，有较强的可操作性，从而保证其广泛实施。

五、农业"双碳"目标的实现

自 2020 年 9 月我国明确提出"双碳"目标以来，为了全面贯彻习近平生态文明思想，认真落实党中央、国务院决策部署，坚定不移贯彻新发展理念，陆续印发了有关农业绿色发展结合"双碳"目标的纲领性文件。例如，2021年农业农村部、国家发展改革委、科技部、自然资源部、生态环境部联合印发的《"十四五"全国农业绿色发展规划》、国务院印发《国务院关于加快建立健全绿色低碳循环发展经济体系的指导意见》（2021）等。2022年，在新发展格局下，推进农业绿色发展是稳步实现"双碳"目标的重要一步，但我国各阶层对生态环境、绿色经济理论认识不足，资源禀赋、科技研发投入、绿色生产方式较欧美发达国家仍存在差距。我国也把关注领域的重点转向农业绿色发展的以下几个短板：第一，耕地数量及质量压力较大。根据2017年全国第三次国土调查结果显示，我国耕地面积较2007年全国第二次国土调查结果下降了1.13亿亩，其中高产农田面积仅占总面积的三成。第二，要素减量增效有待加强（刘莉和刘静，2019）。[①] 因维持我国粮食供需平衡的矛盾，农业投入品（化肥、农药）的大量使用导致的农业面源污染问题以及农业机械的规模投入生产所产生的碳排放量已令我国生态环境不堪重负，因此通过农业要素投入减量增效降低农业碳排放是我国亟待解决的难题。第三，科技创新潜力难以释放。与欧美农业大国相比，我国低碳农业科技创新率及低碳科技成果转化率仍有较大差距，而且我国对农业科研资金的投入不足、农业科技人才素质能力不高、农业人才扎堆基层等问题则严重延缓了我国农业绿色发展的进程（陈银娥和陈薇，2018）。[②] 第四，标准化体系及规

---

① 刘莉、刘静：《基于种植结构调整视角的化肥减施对策研究》，《中国农业资源与区划》2019年第1期。

② 陈银娥、陈薇：《农业机械化、产业升级与农业碳排放关系研究——基于动态面板数据模型的经验分析》，《农业技术经济》2018年第5期。

章制度尚不完善。因缺失实施政策的监管主体，我国已发布的有关农业绿色发展的政策很难真正落实（王江和唐艺芸，2021），[①]另外，虽然我国碳排放权交易市场活跃，但是我国碳市场及碳金融起步较晚，标准化体系尚未完善。总结以上在"双碳"目标视角下阻碍我国绿色农业发展快速发展的症结，从制度、产业、要素三个层面出发，我国农业绿色发展应统筹兼顾，系统性布局：首先，在制度方面，完善基于"双碳"目标的农业绿色发展体系，各部门、区域协同合作，加速规范碳交易市场的进度。其次，在产业层面，应增大低碳农业科研投入、优化农业绿色产业结构、打造以低碳绿色为核心的农业产业链。最后，在生产要素层面，应提高农业耕地的数量及质量、实现要素减量增效，完善低碳科研人才培养体系。[②]

　　农业绿色发展的理念是农业可持续发展理念的延续，也是加速实现农业农村现代化和建设农业强国的关键步骤，其目标是建立起绿色可持续化的农业生态体系。随着社会发展的需要，农业绿色发展的理念、动能、方式、环境等多个内核都在不断变化，农业绿色发展面临新的机遇和挑战。因此，理顺农业绿色发展和其外延的内容，如绿色农业生产方式的转型、提高资源的利用率、农业生产技术的进步、农业面源污染的治理、"双碳"目标的实现路径等，有助于更好地践行"绿水青山就是金山银山"的绿色发展理念。

---

　　① 王江、唐艺芸：《碳中和愿景下地方率先达峰的多维困境及其纾解》，《环境保护》2021年第15期。
　　② 高鸣、张哲晰：《碳达峰、碳中和目标下我国农业绿色发展的定位和政策建议》，《华中农业大学学报（社会科学版）》2022年第1期。

第三章　农业绿色发展的政策演进

中国自拥有农业文明以来，就注重人与自然的和谐相处、强调农业生产的健康发展，而且将这种理念贯彻到农业生产实践的方方面面，其实这就是我们现在所提倡的农业绿色发展，不过农业绿色发展这个理念是近几年才提出来的。以往的农业绿色发展是比较低效的，因此本章将中国20世纪50年代以来有关农业可持续发展的政策进行了梳理，希望对现在的农业绿色发展有所帮助。以时间维度来看，自1949年新中国成立起，中国农业农村领域发生了翻天覆地的变化。从注重粮食量的增长到注重质量的提高，从简单的污染治理到农业的可持续发展，农业俨然已经成为中国绿色发展的先锋，并不断推陈出新，提出来了农业绿色发展和乡村振兴等新的理念。中国农业可持续发展随着当时的政治和经济等背景所演变，目标不断明确，内容也不断丰富，发展理念不断改进。如果以年代划分大致可分为三个阶段：1952年到1990年理论萌芽阶段；1990年到2012年理论起步阶段；自2013年起为理论成熟阶段。

第一节　农业绿色发展的萌芽阶段

1952年正值新中国成立初期，百废待兴，快速消除多年战争带来的严重影响，是国民经济的第一要务，尤其是严重的粮食短缺问题急需解决。全国农业会议强调："农业的恢复是一切部门恢复的基础，没有饭吃，其他一切就都没有办法。"因此，加快速度提高粮食产量，恢复农业经济，解决全国四亿人的吃饭问题成为当时第一要务，也是农业政策的首要目标，促成了以经济发展为主的农业发展支持政策。

随着中国改革开放逐步深化，中国经济迎来了快速发展，中国农业发展也有较大的起色，但也显现了诸多问题。农民过度放牧，过度开垦，滥砍滥伐行为导致水土流失、沙化现象；农药、化肥等农业投入品的滥用，导致水资源浪费严重、水土污染严重。除此之外，随着工业的发展及城市化的进程加快速度，各种各样的工业废料和生活垃圾流入了农村地区，严重地污染了农村的生态环境。

对此，中央针对性地出台了一系列有关"三农"的政策法规。1982年，中共中央印发的第一个关于"三农"问题的文件中提出要合理开发、利用、保护农业自然资源，特别要加强农业资源的保护工作，制止农业自然资源的持续退化；1989年12月，《中华人民共和国环境保护法》通过后，国务院紧接着下发《关于完善化肥、农药、农膜专管办法的通知》，旨在以法律手段防治农业环境污染的同时，开始加强化肥、农药、农膜的源头管控。这些政策手段有效地解决了一些问题，为我国农业绿色发展奠定基础。

第二节　农业绿色发展的起步阶段

20世纪90年代，随着中国改革开放的进一步发展和城市化的急剧扩张，农业农村的环境问题显现得更为集中和扩大。由于无节制的滥砍滥伐导致植被覆盖率锐减引发诸多环境问题，对中国造成难以估量的损失。据统计，中国每年遭受的强沙尘暴天气由 1950 年的 5 次增加到了 1990 年的 23 次；土地沙化造成了西北偏远地区的居民被迫迁移他乡；20 世纪 50 年代中国年均受旱灾的农田为 1.2 亿亩，90 年代上升为 3.8 亿亩。1972 年黄河发生第一次断流，1985 年后年年断流，1997 年断流天数达 227 天。21 世纪初，中国加入世界贸易组织（WTO）后，在实现经济迅猛增长的同时也面临两方面新的环境压力。一方面，是国际上的"绿色贸易壁垒"。由于中国目前的环境标准普遍低于发达国家的标准，中国的水稻、小麦、玉米等农产品将在出口贸易中受到限制。另一方面，由于国际市场对中国的矿产、农产品、畜牧产品的大量需求，可能会加重中国的生态资源的破坏。同时，中国可能成为国外污染密集型企业转移的地点，这也极大地加剧了中国的环境污染问题。2001 年正式加入世界贸易组织（WTO），标志着我国改革开放和经济发展进入新的发展时期，国际市场对农产品的高标准高要求促使中国必须走绿色农业发展之路，才能在国际农产品贸易之中有一席之地。

在政策法规层面，国家高度关注大气污染、水环境污染、土地沙漠化和生物多样性破坏等环境问题。20 世纪 90 年代，《中华人民共和国水土保持法》和《中华人民共和国水污染防治法》以法律法规的形式明确提出预防和治理水土流失，保护并合理利用水土资源；《关于治理开发农村"四荒"资源进一步加强水土保持工作的通知》提出通过治理"四荒"，加大水土流失治理力度，改善生态环境问题，促进农业健康发展；2000 年出台了《中共中央国务院关于做好2000 年农业和农村工作的意见》和《关于进一步做好退耕还林还草工作的若干意见》两项政策，强调以植树种草、水土保持为重点来建设生态环境；以电、路、水等为重点建设农村生产生活设施；进一步夯实我国农业基础，促进农业发展和解决发展带来的污染问题。2002年《国务院关于进一步完善退耕还林政策措施的若干意见》对进一步完善退耕还林政策措施作出了相关规定；同年出台的《国务院关于加强新阶段"菜篮子"工作的通知》和《中华人民共和国农业法》强调提高农产品的质量卫生安全水平，保障人民身体健康，促进农业产业结构调整、农民增加收入和农业可持续发展，并首次将提高农产品质量写入法律，农产品质量问题受到了极大的关注；《关于加快畜牧业发展的意见》中针对保护和合理利用草地资源作出明确要求；2004年《中华人民共和国农药管理条例》在农药的使用、登记、经营、生产经营等方面制定了详细的管理办法；《关于基本农田保护中有关问题的整改意见》针对基本农田保护检查工作中发现的有关问题提出进一步整改意见；2005年《中华人民共和国固体废物污染环境防治法》出台，标志着农业固体废弃物得到关注和重视；2006年颁布《全国生态农业建设技术规范》，使中国生态农业产业走向制度化和规范化；2007年《国家环境保护"十一五"规划》中提出要开展农村环境综合整治，同时引导和鼓励社会资金参与农村环境保护。2009年颁布的《关于实行"以奖促治"加快解决突出的农村环境问题的实施方案》和2011年颁布的《国务院关于加强环境保护重点工作的意见》都对改善农村环境提出了实施意见。以上诸多政策法规的出台，标志着农业绿色发展政策进入了起步阶段。

第三节　农业绿色发展的成熟阶段

自党的十八大以来，以习近平同志为核心的党中央高度重视生态文明建设，为走向社会主义生态文明新时代指引了明确的方向，也为后来的农业绿色发展及"双碳"目标的提出打下了坚实的基础。党的十八大报告明确指出要将生态文明建设融入经济建设、社会建设、政治建设、文化建设的各方面，表明我国的生态文明建设被提高到前所未有的高度。建设生态文明，实质上就是要建设以资源环境承载力为基础、以自然规律为准则、以可持续发展为目标的资源节约型、环境友好型社会，指明了生态文明建设的重点在于社会与中央政策两个层面（谷树忠等，2013）。[①]

在社会层面，党中央加大整治环境污染力度。农业在资源环境约束及生产成本抬升双重考验下，面临着严重的"产能生态透支"现象，加之农业面源污染的影响蔓延至食品安全问题，民生安全遭受威胁，人民对于环境污染治理的关注也达到前所未有的高度，同时也加强了政府大力整治环境污染的决心。

在中央政策层面，农业的可持续发展是我国生态文明建设的重要组成部分，一系列以保护农业生态环境为重点的政策相继出台。2015年，两个全国性规划政策《农业环境突出问题治理总体规划》《全国农业可持续发展规划（2015—2030）》的印发，标志着我国从依赖农业生产要素投入转向依靠科技创新和人才培养，从保障农产品数量转

---

① 谷树忠、胡咏君、周洪：《生态文明建设的科学内涵与基本路径》，《资源科学》2013年第1期。

向保持农业可持续性（魏琦等，2018）。[①]同年，农业农村部（原农业部）印发《到 2020 年化肥使用量零增长行动方案》及《到 2020 年农药使用量零增长行动方案》两项关于农业化肥使用约束的政策，力求我国在 2020 年农业化肥使用量达到负增长。从关于农业环境治理政策出台的数量及落实环境治理速度来看，2015 年无疑是特别的一年。此后，国家把涉农规划的重点从传统的农业发展目标（如粮食产量、农民收入等）转向农业水土资源保护，农业面源污染治理等方面。

2016 年，虽然国家出台了许多关于农业污染治理的政策，但是农业面源污染治理的效果并不理想，加上生态环境退化的不利因素，我国粮食产量连增局面被打破（李学敏和巩前文，2020），[②]生态农业、绿色农业逐渐成为我国农业发展转型的主攻方向。为了自然恢复当地的生态环境以及提高农产品附加值，增加农业从业者收入，党中央有意加快推进过度消耗资源型农业生产向绿色发展型农业生产的转变进程，以及顺应环境治理及生态文明建设的大环境。2017 年 9 月，中办、国办印发了《关于创新体制机制推进农业绿色发展的意见》，农业绿色发展这一概念被首次提出，标志着我国农业已经进入农业产业升级，推动农业绿色发展的新时期。

系统科学理论认为，农业绿色发展是一种具有明显系统性特征的新型农业发展方式，需要统筹农业生产、农业生态和社会经济之间的

---

①　魏琦、金书秦、张斌著：《助绿乡村振兴：农业绿色发展理论、政策和评价》，中国发展出版社 2018 年版。

②　李学敏、巩前文：《新中国成立以来农业绿色发展支持政策演变及优化进路》，《世界农业》2020 年第 4 期。

物质、能量、信息交互传递（尹昌斌等，2021）。[①] 所以，推进农业绿色发展应遵循"因地制宜，统筹兼顾"的原则。2018 年党中央推出的乡村振兴战略进一步推进了农村可持续发展理念，地方政府积极响应号召，陆续推出符合当地资源禀赋条件、农业经济基础的农业绿色发展政策。

自党的十九大召开以来，习近平总书记提出的"绿水青山就是金山银山"这一理念展现了我国农业经济方式和发展观念不断进步的过程，也体现了我国全面推进农业绿色发展的决心。引领农业科技创新人才调整科创方向，2018 年，为推动农业质量、效率新变革，构建农业绿色发展技术体系乃是重中之重，农业农村部印发了《农业绿色发展技术导则（2018—2030 年）》（以下简称《导则》）。《导则》不仅明确指出构建农业绿色发展技术体系的七个主攻科创领域，还制定了创新体制机制和强化政策保障体系；不仅有效充分的调动农业创新技术人才的科创积极性，而且完善了以绿色为导向的现代农业技术体系，使农业绿色发展理论更加成熟。

2018 年 4 月，习近平总书记于湖北武汉召开深入推动长江经济带发展座谈会。会议指出，要推动新时代长江经济带农业绿色发展并作出重要战略部署。长江经济带为我国创造辉煌经济增长的同时，也带来了短时间内难以根治的生态环境问题。2018 年 9 月，为了贯彻习近平总书记重要讲话精神、坚持新发展理念、深度推进农业绿色发展，农村农业部分别对长江经济带的生态多样性锐减、农业投入品的使用、农业废弃物资源化利用这三个农业生态环境保护短板作出相应

---

① 尹昌斌、李福夺等：《中国农业绿色发展的概念、内涵与原则》，《中国农业资源与区划》2021 年第 1 期。

的战略部署。

2020年，"双碳"目标的提出，指明了解决我国资源环境生态问题的基础之策是全面推动和完善绿色低碳循环发展体系，促进社会经济向低碳绿色循环经济转型。这意味着，农业绿色发展对完善绿色低碳经济体系具有重大意义，是实现"双碳"目标的重要抓手。2021年，在"双碳"目标的导向作用下，国务院连续印发了关于结合了"双碳"目标的农业绿色发展纲领性文件，如《国务院关于加快建立健全绿色低碳循环发展经济体系的指导意见》《关于推动城乡建设绿色发展的意见》《国务院关于印发2030年前碳达峰行动方案的通知》及农业农村部、国家发改委、科技部等六部门联合印发的《"十四五"全国农业绿色发展规划》，进一步明确"加快农业全面绿色转型，持续改善农村生态环境"的目标。为成功实现"双碳"目标，我国预计于2025年全方位推动农业绿色发展，初步形成绿色低碳政策体系及绿色低碳循环经济体系，至2035年，农业生产将与环境承载力相匹配、农业生态环境实现根本好转，基本建立生态生产生活相互协调的农业发展格局。[1]

---

① 高鸣、张哲晰：《碳达峰、碳中和目标下我国农业绿色发展的定位和政策建议》，《华中农业大学学报（社会科学版）》2022年第1期。

第四章　农业绿色发展的基本现状与理论基础

第一节　中国农业经济发展的基本现状

一、中国农业经济的粗放型增长模式：基本事实

农业经济的增长依赖于大量的自然资源投入。农业自然资源是农业生产原材料的物质和能量的来源，以及农业生产所必要的环境条件，随着科学技术的进步，农业自然资源的种类和范围不断增多和扩大，一些原来不能被人类利用的自然条件逐步转化为被人类利用的自然资源（林卿和张俊飚，2012）。[①]经济发展新常态下，具有刚性特点的资源（耕地和水资源）约束日益强化。就耕地资源而言，全国耕地面积从 1997 年的 19.48 亿亩下降到 2008 年的 18.26 亿亩，2008 年《全国土地利用总体规划纲要（2006—2020 年）》提出守住 18 亿亩耕地红线，同时在"藏粮于地"战略的加持下，农业农村部下达了粮食面积和产量的明确指标，截至 2021 年年底又回升到 19.18 亿亩，牢牢守住了 18 亿亩耕地红线。随着农民收入水平和农民就业机会成本的提高，耕地复种指数在总体上呈现下降趋势。2020 年之前，各地不断推进土地非

---

① 林卿、张俊飚：《生态文明视域中的农业绿色发展》，中国财政经济出版社 2012 年版。

农化改革，以便突破用地指标的限制，如"增减挂钩""耕地置换""土地换社保""城中村改造"等土地"非农化""非粮化"方案，这些方式在一定程度上促进了工业化和城镇化进程，优质耕地在这些"试验"中迅速减少，耕地资源的约束进一步强化（何安华等，2012）。[①]2020年，国务院办公厅印发《关于坚决制止耕地"非农化"行为的通知》，采取有力措施，坚决制止各类耕地"非农化"行为，同年《中华人民共和国土地管理法实施条例（修订草案）》的出台强化了土地管理法的可操作性，进一步遏制了耕地"非农化"，防止耕地"非粮化"。

　　除耕地约束之外，水资源短缺也是农业生产面临的重要问题。众所周知，在世界水资源总量中，中国的水资源总量仅占6%，人均水资源占有量仅占世界平均水平的1/4，水资源短缺已经严重影响到农业生产。根据调查数据显示，中国农业用水大约为3600亿立方米，而农业生产所需的灌溉面积达到9.05亿亩，用水缺口超过了300多亿立方米（朱艳，2016）。[②]同时，水利部数据显示，2021年，全国水资源总量为29638.2亿立方米，比多年平均值偏多7.3%。其中，地表水资源量为28310.5亿立方米，地下水资源量为8195.7亿立方米，地下水与地表水资源不重复量为1327.7亿立方米，但水土流失面积高达120万平方千米，水资源短缺的问题已经到了不可忽视的地步，这也揭示农业自然资源的约束已经不允许传统农业生产方式的持续存在。

　　由图4-1可以看出，内蒙古、安徽、山东、广东、贵州、新疆、江苏等13个地区农业用水[③]均超全国平均水平，其中，新疆全年缺

---

　　① 何安华、楼栋、孔祥智：《中国农业发展的资源环境约束研究》，《农村经济》2012年第2期。

　　② 朱艳：《中国水资源管理现状及对农业的影响》，《农业工程技术》2016年第26期。

　　③ 农业用水量包含种植业灌溉用水、林业灌溉用水、牧业灌溉用水，以下相同。

水，年均降水量只有 150 毫米，大量的农业生产用水都是通过灌溉完成；广东、广西、江苏、湖南等地都是农作物的主要生长区，虽然雨水充足，但是农业用水量均超出了全国平均水平。从图 4-2 可以看出，2001 年之前，农业年均用水量 3800 亿立方米左右，自党的十五届三中全会提出大力发展节水农业之后，在 2002—2003 年有一个显著的下降过程，但是节水农业的政策并没有起到长期效果，2004 年起又逐年攀升，2010 年前后农业年均用水量已经超过前期峰值。

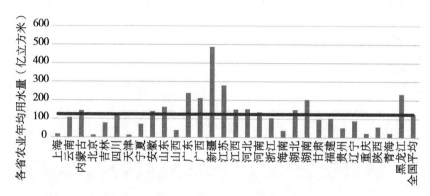

图 4-1　中国各省（自治区、直辖市）农业年均用水量（1998—2020）

资料来源：1998—2003 年来源于中国水资源统计公报，2004—2020 年来源于国家统计局网站。

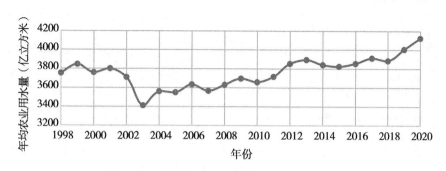

图 4-2　中国农业年均用水量（1998—2020）

资料来源：1998—2003 年来源于中国水资源统计公报，2004—2020 年来源于国家统计局网站。

在能源投入上，由图4-3和图4-4可以看出，我国农业生产的能源年投入量逐年攀升，2020年已经超过9000万吨标准煤，从中国能源统计年鉴中能源终端消费量来看，原煤、柴油和汽油是农业消耗的主要来源，农业机械的使用量加大成为农业端能源消费增加的动因。此外，农业用电也是农业能源消耗加大的重要原因之一。从省域角度来看，山东、湖北、黑龙江、浙江、河南、江苏等农业生产大省的农业能源使用远超平均水平，云南等非农业大省的消耗量也非常大，由此可见我国农业增长依靠了大量的水资源和能源要素的投入，实现资源节约型生产已经迫不及待。

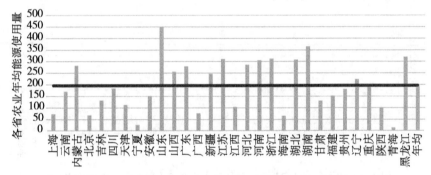

图4-3　中国各省（自治区、直辖市）年均农业能源使用情况

资料来源：《中国能源统计年鉴》，除计算基础能源的直接使用外，还使用电热分离法计算了间接使用能源。

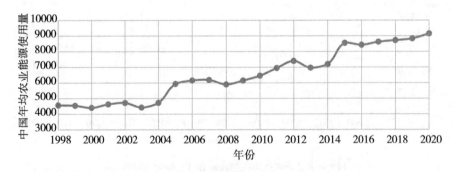

图4-4　中国年均农业能源使用量（1998—2020）

资料来源：《中国能源统计年鉴》，除计算基础能源的直接使用外，还使用电热分离法计算了间接使用能源。

工业产品的使用加重了农业面源污染的排放。现代化的工业与技术落后农业并存的二元经济结构使现代工业品向农业部门不断渗透，农业部门生产效率提高的同时，农业生态环境面临着前所未有的压力。据统计，1998年至2019年，农用塑料薄膜从120.67万吨增加到240.80万吨，农药使用量由123.23万吨上升到224.5万吨，农用化肥施用折纯量由4081.2万吨上升到5395.8万吨，而这些工业用品的实际吸收率或回收率极其有限，造成了大量的土壤板结、河流和地下水污染的环境问题。

2017年年底，国家启动40个农业绿色发展先行区，以"绿水青山就是金山银山"的理念为指导思想，将绿色发展贯穿于农业发展的全过程，农业绿色发展第一次由"自我探索"转向了"政府推动"。然而，无论是中央"一号"文件多次提及的"农业现代化"，还是"农业绿色发展"的区域试点，都映射出我国农业在走出"传统"过程中面临的瓶颈，即农业面源污染问题。据全国第一次污染源普查数据显示，农业源的主要排放中，化学需氧量1324.09万吨，占全国化学需氧量排放的43.71%，种植业地膜残留量12.1万吨，回收率仅达到80.3%，总氮和总磷排放分别达到270.46万吨和28.47万吨，分别占全国氮、磷排放总量的57.2%和64.7%。[①]就氮和磷排放的增长趋势而言，农业生产造成的污染大有取代工业污染而成为头号污染源的趋势（崔晓和张屹山，2014），农业面源污染问题成为当下不得不关注的问题之一。[②]

---

① 第一次全国污染源普查资料编纂委员会编：《污染源普查公报与大事件》，中国环境科学出版社2011年版。

② 崔晓、张屹山：《中国农业环境效率与环境全要素生产率分析》，《中国农村经济》2014年第8期。

图 4-5 给出了现代农业生产过程中农用化学品的使用情况。从趋势来看，化肥、农用薄膜和农药使用量逐年上升，2019 年三者使用量分别达到 5395.8 万吨、240.8 万吨和 224.5 万吨，较 1998 年分别增长了 32.2%、99.6% 和 82.2%。图 4-6 给出了 1998—2020 年农业三大面源污染排放情况，总体增长的趋势较为明显，在 2007 年有非常明显的下降，可能的原因在于 2007 年国家实行全国污染源大普查，对于前期农业面源污染的口径进行调整，但 2009 年之后又逐年上升。由两组数据可以看出，农用化学品的使用在提高农业生产效率同时，也给生态环境造成了极大的威胁，面源污染治理迫在眉睫。

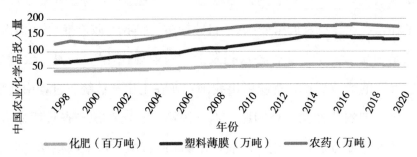

图 4-5 中国农业化肥、农药、塑料薄膜使用情况（1998—2020）

资料来源：《中国农村统计年鉴》。

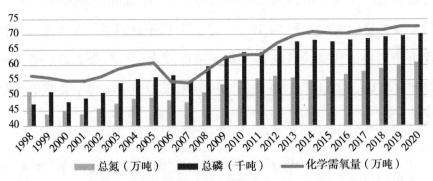

图 4-6 中国农业面源污染排放情况（1998—2020）

资料来源：《中国农村统计年鉴》。

中国农业碳排放成为全球碳排放的第二大来源。由人类温室气体排放增加引起的气候变化不仅导致气温上升，还对全球的降水量产生影响，对人类生存、社会、经济和环境的可持续发展构成了严重的威胁（林伯强和蒋竺均，2009）。[1]2016 年，中国签署《巴黎气候协定》，并在《"十三五"规划纲要》中明确了未来五年单位国内生产总值二氧化碳排放量下降 18% 的目标，碳减排势在必行。农业虽然具备碳汇功能，但也占据了全球化石能源消耗的很大比例，据联合国政府间气候变化专门委员会（Intergovernmental Panel on Climate Change，IPCC）2007 年的评估报告：农业生产已经成为全球温室气体第二大来源，占全球温室气体排放量的 13.5%，而在中国这一比例达到了 16%—17%，且排放总量仍处于不断增长的态势（田云等，2015）。[2]更具体的，有相关研究测算中国畜禽温室气体排放总量从 1949 年到 2003 年增长了 2.78 倍（尚杰等，2015；闵继胜和胡浩，2012；胡向东和王济民，2010；陈苏和胡浩，2016），而农业活动中产生的甲烷和氧化亚氮分别占全国总排放量的 50.15% 和 92.47%（董红敏等，2008）。[3]农业端温室气体的排放越发成为实现"双碳"目标的障碍。

图 4-7 给出了我国农业年碳排放量，因本书选取的碳排放计算方

<hr/>

① 林伯强、蒋竺均：《中国二氧化碳的环境库兹涅茨曲线预测及影响因素分析》，《管理世界》2009 年第 4 期。

② 田云、张俊飚等：《农户农业低碳生产行为及其影响因素分析——以化肥施用和农药使用为例》，《中国农村观察》2015 年第 2 期。

③ 尚杰、杨果、于法稳：《中国农业温室气体排放量测算及影响因素研究》，《中国生态农业学报》2015 年第 3 期。闵继胜、胡浩：《中国农业生产温室气体排放量的测算》，《中国人口·资源与环境》2012 年第 7 期。胡向东、王济民：《中国畜禽温室气体排放量估算》，《农业工程学报》2010 年第 6 期。陈苏、胡浩：《中国畜禽温室气体排放时空变化及影响因素研究》，《中国人口·资源与环境》2016 年第 7 期。董红敏、李玉娥等：《中国农业源温室气体排放与减排技术对策》，《农业工程学报》2008 年第 10 期。

式是根据中国能源统计年鉴中农业部门各类能源消耗与排放系数乘积
的加总，因此碳排放趋势与能源使用量（见图4-4）趋势相同，2020
年农业碳排放较1998年翻番，实现农业低碳发展已经成为绿色发展
的重要维度之一。作为一个农业大国，中国在农业现代化进程中表现
出了十分突出的高碳特征。不仅如此，在农业生产过程中的碳排放还
与农业面源污染交织在一起相互影响，为国家政策的制定与实施带来
了现实困难（冉光和等，2011）。[①]

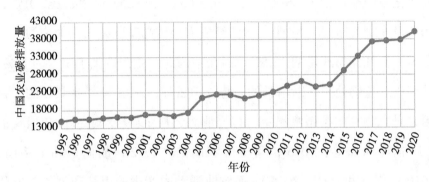

图4-7　中国农业碳排放量（1995—2020）

资料来源：《中国能源统计年鉴》，除计算基础能源的直接使用外，还使用电热分离法计算
了间接使用能源，根据能源碳排放系数计算加总得到。

　　水体污染问题已经无法忽视。"十一五"后，消减主要水污染物氨
氮和化学需氧量的排放总量被列为中国国民经济和社会发展规划的约
束性指标之一，各级政府也颁布各种遏制水体污染物持续增长的措施，
但随着工业化和城镇化的不断推进，中国水污染问题并没有得到明显
的改善。据《2021年中国生态环境状况公报》显示，地表水的1940个
水质断面（点位）中，Ⅰ—Ⅲ类水质断面比例为84.9%，同比上升1.5

---

　　① 冉光和、王建洪、王定祥：《我国现代农业生产的碳排放变动趋势研究》，《农业经济问题》2011年第2期。

个百分点；劣 V 类断面比例为 1.2%，均达到 2021 年水质目标要求。876 个地级以上城市在用集中式生活饮用水水源监测断面（点位）中，825 个全年均达标，占 94.2%。监测的 1900 个国家地下水环境质量考核点位中，Ⅰ—Ⅳ类水质点位占 79.4%，V 类占 20.6%。而在两项重要的水体污染指标中，农业源化学需氧量的排放占比全国排放的 47.8%，氨氮的排放占比 31.7%，成为水体污染排放的主要来源（金书秦和武岩，2014）。[①] 在此背景下，解决农业的污染问题成为治理水体的重要环节，2016 年起中国政府颁布《关于全面推行河长制的意见》，开始在全国推广实行"河长制"，以保护水资源、防治水污染、改善水环境、修复水生态为主要任务，全面建立省、市、县、乡四级河长体系，将水污染治理与官员晋升的激励挂钩，以求得到河流污染的长治久安。但是，农业面源污染与工业点源污染存在本质区别，加上中国农业源监测系统并不完善，因此无法有效地采取强制手段进行源头治理。除此之外，简单地控制农药、化肥等面源污染的主要来源势必会使农业生产效率大打折扣而得不偿失，因此准确识别农业污染排放特征，捕获水体污染中农业源的关键因素对于水污染治理、"河长制"的深入以及农业绿色发展具有极其重要的意义。

二、中国农业粗放型增长模式带来的损失：现实证据

农业生态环境的破坏严重影响人类健康。粗放的农业生产方式是造成大量农用化学品、有机物等排入水体的罪魁祸首，农业污染影响了数十亿人，每年造成的损失超过数十亿美元（联合国粮食及农业组

---

① 金书秦、武岩：《农业面源是水体污染的首要原因吗？——基于淮河流域数据的检验》，《中国农村经济》2014 年第 9 期。

织，2018）。农业产生的大气污染可以通过呼吸系统影响人类身体健康（颜夕生，1993）。[①] 农业污染通过饮食进入人体，引发肠道系统疾病、肝肿大和其他相关癌症，特别是蔬菜、水果中残留的有毒物质进入人体后会导致癌症和其他病症的出现（张悟民等，1997），[②] 农药中残留的重金属通过水源和食物进入人体后导致神经系统功能失调，严重的会使人体产生慢性中毒（张敬锁等，1998）。[③] 总而言之，农业污染的有毒物质通过各种途径进入人体，不断积累超出承受范围后，严重威胁人类健康。

农业环境污染带来了巨大的经济损失。据统计，在发展中国家，农药对非目标物种（包括人类）的经济影响每年约为80亿美元（联合国粮食及农业组织，2018）。在中国，受到重金属污染的土地达到3亿亩，造成直接经济损失200亿元；每年水污染造成2400亿元的经济损失中，有相当一部分来源于农业源的排放，加之国家每年在治理水体和土壤污染上耗费的资金不计其数，这已经对国民经济带来了不可估量的损失。此外，在农业资源的使用上，我国每年因不合理施肥导致超过1000多万吨的氮流失，直接经济损失约300亿元；农药浪费造成的损失也达到150亿元以上。在受到农业污染影响的地区，出现了农作物减产，农作物质量下降，口感降低，一些地方的传统农作物甚至无法继续生产（方炎和陈洁，2005；王国安，2010）。[④]

----

① 颜夕生：《江苏省农业环境污染造成的经济损失估算》，《农业环境科学学报》1993年第4期。

② 张悟民、徐福强、刘玲、刘小燕：《农业环境污染与人类疾病的关系》，《环境保护》1997年第6期。

③ 张敬锁、李花粉、张福锁、姚广伟：《不同形态氮素对水稻体内镉形态的影响》，《中国农业大学学报》1998年第5期。

④ 方炎、陈洁：《农业污染的形势及应对》，《红旗文稿》2005年第15期。王国安：《农业面源污染的成因及其治理》，《世界农业》2010年第11期。

农业污染直接影响我国食品安全。一方面，我国农产品中药残超标问题严重，直接威胁着人体健康。据《2016 年我国农产品质量安全网络舆情报告》显示，2016 年监测到的与农产品质量安全相关的舆情信息 220 万条，其中负面舆情报告 22.44%，涉及"违禁农兽渔药残留超标"占比 37.18%，农业产品的安全问题依然相当严重。另一方面，农业污染物未经处理排入水体，加之公共卫生设施落后，农村人口饮水安全受到巨大威胁。由此可见，保障人民"舌尖上的安全"需要进一步努力。

三、中国农业绿色发展的现实需求：破局之策

农业是国之命脉，关系到数以亿计的人的生存和发展。总结农业发展的阶段可以划分为原始农业、传统农业、现代农业和绿色农业（林卿和张俊飚，2012）。[①]农业绿色发展的意义不言而喻。有人将农业绿色发展理解为污染排放少，从中国可持续发展战略的角度看，真正的绿色农业发展应该同时具备"生产率高""资源节约"和"环境友好"三个方面的特征，而实现这三个特征则需要解决人民日益增长的需求与不平衡不充分的发展之间的矛盾。

首先，"生产率高"解决人民日益增长的物质文化需要和相对落后的生产力之间的矛盾。虽然现代社会的基本矛盾已经由"人民日益增长的物质文化需要和相对落后的生产力之间的矛盾"转向"人民日益增长的美好生活需要和不平衡不充分的发展之间的矛盾"，但是，这依然无法掩盖我国部分区域还是存在相对落后生产力的事实，

---

① 林卿、张俊飚：《生态文明视域中的农业绿色发展》，中国财政经济出版社 2012 年版。

即区域发展不平衡。在时间维度上看，新中国成立初期全国农用拖拉机仅有117台，农业机械化装备总动力8.01万千瓦，农业机械化水平不到1%，2020年农业机械总动力达到10.56亿千瓦。从空间维度上看，2020年重庆、山西、福建、河北、河南、山东的机械总动力分别为1408万千瓦、1595.3万千瓦、1260.2万千瓦、7965.7万千瓦、10463.7万千瓦、10964.7万千瓦，差距异常明显，部分地区生产力还相对落后，因此提高生产效率不仅仅是国家粮食安全和农民收入的保障，也是解决区域发展不平衡的重要途径。[①]

其次，"资源节约"解决粗放的增长模式与自然资源匮乏的矛盾。能源与水是农业生产中使用的重要自然资源。在能源方面，预计在2004—2030年，发展中国家的全球能源消耗比例将会由46%上升至58%（李文，2004）。[②]据统计，2014年中国农村能源消耗量为7.6亿吨标准煤，约占全国能源消耗总量的17.8%，而2015年这一数据已经达到10.57亿吨标准煤，[③]农业能源的消耗量还在不断攀升。能源的使用量提高意味着农业碳排放量的增大，通过中国能源统计年鉴和能源碳排放系数计算得到的中国农业碳排放已经由1998年的15779.77万吨上升到2015年的29189.37万吨，涨幅近1倍，而农业碳排放量占据全国碳排放总量的近20%，给中国农业端的碳减排带来了巨大的压力。在水资源方面，中国淡水资源仅占世界的6%，人均占有量仅为世界平均水平的四分之一，这已不允许粗放的农业生产方式持续存

---

① 国家统计局农村经济社会调查司：《中国农村统计年鉴》，中国统计出版社2016年版。

② 李文：《2003年世界能源市场综述——来自BP的最新能源统计报告》，《国际石油经济》2004年第7期。

③ 国家统计局能源统计司：《中国能源统计年鉴》，中国统计出版社2016年版。

在。因此，绿色农业的"资源节约"维度很好地诠释了自然资源的重要性，发展绿色农业即能解决落后的生产方式与自然资源匮乏之间的矛盾。

最后，"环境友好"解决环境保护与农业经济发展融合的矛盾。解决农业环境保护与经济发展的矛盾在于实现农业经济高质量发展，而"环境友好"是经济高质量发展的必要条件之一。所谓农业经济高质量发展，就是能够更好满足人民日益增长的美好生活需要的发展，是要将人民对美好生活的期盼变成现实的发展。相对于高速度增长而言，当前不平衡不充分发展的实质就是发展质量不高。新时代破解发展难题，必须运用新发展理念引领发展方向（宋国恺，2018）。[①]农业经济的高质量发展主要表现在两点：一方面，促进农业经济增长，即发展的"量"；另一方面，加大农业环境保护，即经济发展的"质"。前者我国已经具备，后者才是当前农业经济发展条件下的重点，所以"环境友好"是当前农业绿色发展的关键。

第二节　农业绿色发展的基础理论

一、习近平生态文明思想

坚持人与自然和谐共生的辩证自然观。如何正确处理人与自然的关系，是生态文明建设的根本性问题。而马克思早在《1844 年经济学哲学手稿》中，就强调了人与自然环境之间的生态关系，提出人类生存发展所必需的一切物质资料只能由自然界所提供，自然界是人之存

---

① 宋国恺：《新时代高质量发展的社会学研究》，《中国特色社会主义研究》2018 年第 5 期。

在的前提，整个自然界就是"人的无机的身体"的观点。在如何处理人与自然关系的研究中，恩格斯和马克思的观点是一致的。恩格斯在《自然辩证法》中告诫人类不要在大生产大发展后沾沾自喜，因为"对于每一次这样的胜利，自然界都对我们进行报复"。恩格斯认为人类一味地攫取自然资源，而不去敬畏自然、保护自然，只会导致自然对人类的报复。习近平总书记充分继承和吸收马克思、恩格斯对人与自然的思考，认为必须坚持人与自然和谐共生，要像保护眼睛一样保护生态环境，像对待生命一样对待生态环境。习近平总书记在继承马克思主义人与自然和谐共生辩证关系的同时，更加重视自然对人的价值意义和保护自然的价值意义，强调加强生态文明建设，不仅要关注认识和改造自然的一般规律，还要努力揭示实现人与自然和谐共生的规律，并积极展望未来人与自然辩证统一的生态世界。

坚持山水林田湖草沙是生命共同体的整体系统观。习近平总书记科学地运用整体系统观思考"生命共同体"的概念，并提出"山水林田湖草是一个生命共同体……这个生命共同体是人类生存发展的物质基础"的观点，将人与人的矛盾和人与自然的矛盾有机结合，坚持运用生态系统整体性规律解决生态环境与经济发展矛盾对立的问题。党的十八大以来，我国科学遵循自然生态系统的系统性及内在规律，坚持综合系统管理策略和方法，对自然环境进行整体保护、系统修复和综合治理，真正改变了治山、治水、护田各自为战的碎片化格局，在生态环境保护及防护的任务中取得了巨大的阶段性成就。

坚持保护环境与发展经济相统一的科学价值观。早期人们认为经济发展就不可避免要破坏生态环境，保护环境就要以牺牲一定的经济发展利益为代价，不利于经济的增长。长期以来这种缺乏辩证对立统一的自然观将经济发展放在环境保护的对立面，所以辩证看待生产力发展与环境保护之间的关系本质上就是正确认识和处理人与自然之间的关系。马克思指出，"只要有人存在，自然史和人类史就彼此相互制约"，也就是说人与自然之间这种相互制约正是二者矛盾对立统一关系的表征，其内涵是经济发展的诉求需要不断地从自然界获取资源的同时，在认识与改造自然的过程中满足人民群众对维持正常生活的物质资料的需求，然而自然资源并非取之不尽用之不竭，实现有限资源的可持续发展利用，需要创新发展模式，因此，经济发展不应是对资源与环境"竭泽而渔式"的攫取，而应秉持"在发展中保护、在保护中发展"的基本原则，坚持保护自然环境与人类经济发展相统一的科学价值观，积极发展绿色生态经济并实现人与自然和谐共生的现代化。习近平生态文明思想提出"要正确处理好经济发展同生态环境保护的关系，牢固树立保护生态环境就是保护生产力、改善生态环境就是发展生产力的理念"，将绿色发展、循环发展、低碳发展作为生产力内在属性的重要地位，促使经济有序发展与生态环境保护的相辅相成，面向未来发展绿色经济、生态经济和循环经济。

二、用习近平生态文明思想思考农业绿色发展

习近平总书记总结人类文明发展历史经验，立足于中国农业的发展实际，进一步丰富和发展了关于农业的发展理念，使我们对新时期农业绿色发展的认识进入一个新的阶段。早在2005年，习近平总书记就提出"绿水青山就是金山银山"的论断。后来他用三个阶段系统论述了绿水青山和金山银山的辩证关系，第一阶段是用绿水青山换取金山银山，第二阶段是既要金山银山也要绿水青山，第三个阶段是绿

水青山可以源源不断地带来金山银山，绿水青山本身就是金山银山。这三个阶段既是经济增长方式转变的过程，同时也是发展理念不断提升的过程，是人与自然关系不断调整、趋向和谐的过程。2015 年 5 月，他在浙江召开华东七省市党委主要负责同志座谈会时指出："让良好生态环境成为人民生活质量的增长点。"在党的十九大会议报告中，习近平总书记进一步指出："既要创造更多物质财富和精神财富以满足人民日益增长的美好生活需要，也要提供更多优质生态产品以满足人民日益增长的优美生态环境需要。""绿水青山就是金山银山"的理念，是"创新、协调、绿色、开放、共享"发展新理念的核心要义之一，既是对生态文明建设的形象概括，也是指导推动农业绿色发展最核心的思想，对中国农业未来发展具有特殊重要的指导意义。

新中国成立以后很长一个时期，我国农业的主要任务是保供给，以满足人口快速增长、城镇化和工业化建设的需要。随着改革开放和农村家庭联产承包责任制的实行，我国农业在 20 世纪末期基本上解决了全国人民的温饱问题，实现了总体上供求平衡、丰年有余。随着统筹城乡发展战略的实施，农业的功能由主要保供给进一步扩大到保供给和促增收两个大的方面。进入 21 世纪以来，实现了粮食产量和农民收入的持续增长，中国农业的发展进入了一个新的历史阶段。党的十八大以来，随着经济发展进入新常态，中央提出要推进供给侧结构性改革，对农业发展提出了新要求，农业转型升级也面临着新的机遇。在继续履行好保供给、促增收两大职能的同时，农业的生态保护功能日益凸显，通俗地说，就是由原来的"搞粮""搞钱"，进一步扩展为"搞绿"。农业本身具有绿色属性，农业生产是自然再生产的过程，农业是自然生态系统的重要组成部分。农业有责任也有条件为生态文明建设作出更大的贡献。理念是行动的先导。"两山"理论的提出，大大拓宽了以往关于传统农业思想的认识，是对可持续发展理论的创新，为中国农业现代化发展注入了新的力量，指明了新的方向。

推动农业绿色发展，必须梳理和践行"绿水青山就是金山银山"的理念，大力实施乡村振兴战略和可持续发展战略，切实统筹好生态文明建设和农业生产两个方面的关系，加快实现由传统农业向现代农业的转变。通过科技创新、区域布局和产业协同，未来中国农业不仅将与绿水青山相协同，而且还将为建设美丽中国创造出新的更多的绿水青山。在制度建设方面，要遵循生态系统整体性、生物多样性规律，统筹山水林田湖草保护建设，大力推行绿色生产方式，构建田园生态系统，创新草原保护制度，健全水生生态保护修复制度，实行林业和湿地养护制度等。在新产业和新业态方面，要更多地开发农业的社会功能和文化功能，促进一二三产业融合发展，充分发挥乡村各类物质与非物质资源富集的独特优势，利用"旅游+""生态+"等模式，推进农业、林业与旅游、教育、文化、康养等产业深度融合，不断拓宽农业农村经济社会持续健康发展新的增长点。

三、用习近平生态文明思想思考农业面源污染治理

习近平总书记着眼于党和国家事业长远发展，立足五位一体总体布局，对新时代我国社会主要矛盾作出了新的科学论断，为推动农业转型升级、实现持续稳定健康发展指明了方向。2013年5月，习近平总书记在十八届中央政治局第六次集体学习时指出："要正确处理好经济发展同生态环境保护的关系，牢固梳理保护生态环境就是保护生产力、改善生态环境就是发展生产力的理念，更加自觉地推动绿色发

展、循环发展、低碳发展，绝不以牺牲环境为代价去换取一时的经济增长。"他不无担忧地警示大家，"经济上去了老百姓的幸福感大打折扣，甚至强烈的不满情绪上来了，那是什么形式？"在党的十九大报告中，习近平总书记指出："中国特色社会主义进入新时代，我国社会主要矛盾已经转化为人民日益增长的美好生活需要和不平衡不充分的发展之间的矛盾。"针对解决突出环境问题，他进一步指出："要强化土壤污染管控和修复，加强农业面源污染治理问题、开展农村人居环境整治行动。"当前，农业面源污染治理问题已不仅仅是一个经济问题，还是社会问题；不仅仅是农业部门或环保部门的事，而是关系中华民族永续发展的大事，牵动着亿万人民的心。

在各方面的共同努力下，中国粮食生产和保障能力有了很大的提升。自 2013 年首次突破 1.2 万亿斤大关。不仅粮食连年丰收，其他重要农产品也供应充足。肉、蛋、苹果、鱼等产量稳居世界第一，人均占有量超过世界平均水平。现代农业建设迈出新的步伐，物质技术装备水平大幅提升。主要农作物耕种收机械化水平已经超过 65%，农业科技进步贡献率超过 56%，农田有效灌溉面积占比超过 52%，设施农业超过 5500 万亩，以往农业靠天吃饭的局面有了明显改观。与此同时，农业发展越来越受到水、土地等资源紧缺的约束，农业生产本身对环境造成的污染问题也越发突出，化肥农药过量使用、农业废弃物对环境造成污染，重金属残留等问题受到社会的广泛关注。据 2015 年《全国环境统计公报》公布的数据：全国废水中化学需氧量（COD）排放量 2223.5 万吨，其中工业源化学需氧量排放量为 293.5 万吨，农业源化学需氧量排放量 1068.6 万吨，城镇生活化学需氧排放量 846.9 万吨；废水中氨氮排放量 229.9 万吨，其中工业源氨氮排放量为 21.7 万吨，农业源氨氮排放量为 72.6 万吨，城镇生活氨氮排放量为 134.1 万吨。农业的化学需氧量、氨氮排放量占比分别是 48%、31.6%。因此，我们有理由作出一个总体判断，就是经过艰苦努力，以往长期困扰我国的粮食供需矛盾已基本得到解决；当前的主要问题是高投入高消耗高产出的生产模式难以持续。人民日益增长的美好生活需要在乡村的一个主要表现，就是迫切希望农业农村生态环境质量退化问题能够尽快得到根本性改变。对此，群众有一个十分简洁的说法"以往要温饱，现在要环保"。

推动农业绿色发展，一方面必须大力实施"藏粮于地、藏粮于技"战略，注意调动和保持地方重农抓粮和农民务农种粮的积极性，确保把中国人的饭碗牢牢端在自己手里；另一方面，必须切实采取有力措施，抓紧制定和落实化肥、农药使用量零增长的具体目标。要按照"一控两减三基本"的总体部署，加快推进秸秆、畜禽粪污、农膜等农业废弃物全利用，推动轮作休耕常态化，使农业生态环境在短期内有一个明显改善，积极回应人民群众对良好生态环境和美好生活的迫切愿望。在处理与生态环境保护的关系上，一定要避免把农业生产与生态环境保护对立起来的做法，坚持以科学规划和区域布局为指导，不搞简单地一关了之、一禁了之，要将绿色导向贯穿于农业发展全过程，推行绿色生产方式，实现生产与生态协调发展。

第五章　中国农业绿色发展的测度评价

第一节　关于绿色发展测度的研究

一、绿色发展评价指标体系

关于绿色发展的评价指标，早期的相关探索已经非常丰硕，如果不局限于"绿色"二字的微观定义，现有文献基于研究方法框架和绿色发展的内涵构建了与之对应的绿色发展指标。如中国科学院可持续发展战略研究组提出的资源综合绩效指数（REPI），该指数从资源消耗和污染排放强度两个方面测度 2000—2009 年各省资源环境压力的大小，虽然总体上讲地区 REPI 值呈现上升态势，但是地方差距有着扩大的倾向。陈诗一（2012）认为上述统计指数缺少精确的经济学生成机制，且多为静态比较分析，不能精确反映中国低碳化、绿色化的进程。因此，他构建低碳转型进程的动态评估指数，对 31 省市 1986—2010 年的低碳经济转型进程进行分析，认为中国的绿色化进程分为三个阶段：20 世纪 80 年代的高能耗、高排放阶段；20 世纪 90 年代节能减排卓有成效阶段；2003 年之后经济再度出现重型化特征的阶段。[1] 李晓西等

---

[1]　陈诗一：《中国各地区低碳经济转型进程评估》，《经济研究》2012 年第 8 期。

（2014）选取收入、能源、教育等12个指标综合评估地区经济增长绿化度、资源环境承载潜力和政府政策支持度，由此提出并测算123个国家的人类绿色发展指数（HGDI），结果显示发达国家的人类绿色发展水平普遍较高，发展中国家则相对较低。中国仅列第86名，绿色发展形势不容乐观。[①]邹一南和韩保江（2022）构建了新时代中国绿色经济发展指数，该指数选取可持续发展、资源利用和环境保护三者作为二级指标，在持续发展二级指标下设立经济发展、生态贡献、能源结构、温室气体排放4个三级指标，在资源利用二级指标下设立能源利用、水资源利用、土地资源利用3个三级指标，在环境保护二级指标下设立空气污染防治、水污染防治、固体污染防治3个三级指标，并利用熵权法客观评价了全国的绿色发展指数。[②]上述绿色发展评价指标为本书农业绿色发展指数的构建提供了深刻的洞见。

二、现有评价指标的缺陷

对于绿色发展的内涵，目前学术界从社会矛盾变化和新发展理念、供求关系、投入产出角度等已经有较为充分和完整的界定，但是对于评价绿色发展还未得到一致的结论。安淑新（2018）指出科学的高质量发展评价指标体系应体现动态性和多维性，要淡化经济发展指标，注重长远发展指标，如使用更加简洁明了的话语描述，即在经济发展过程中应"质""量"并重，且更加注重"质"的提升。[③]

近年来，学术界对于绿色发展的指标体系从未停止过探索，诸如

---

① 李晓西、刘一萌、宋涛：《人类绿色发展指数的测算》，《社会科学》2014年第6期。
② 邹一南、韩保江：《新时代中国经济绿色发展指数研究》，《行政管理改革》2022年第9期。
③ 安淑新：《促进经济高质量发展的路径研究：一个文献综述》，《当代经济管理》2018年第9期。

绿色国内生产总值、全要素生产率等都已经被作为衡量经济高质量发展的指标之一，但这些指标仍然存在或多或少的缺陷。总体来看，主要有以下三点：其一，现有指标体系不能体现绿色发展的内涵。存在"四多四少"的问题，即反应速度和总量的指标多、体现质量和效益的指标少，如国内生产总值增速和国内生产总值总量就存在这样的问题；反映发展水平的指标多，体现人民群众认可感的指标少，如绿色国内生产总值、福利指数等虽然很大程度上体现了人民群众的获得感，但是对于经济发展水平没有明确的体现；反映经济建设的多，体现其他领域建设的少，如现有的研究成果中，以总体经济指标和第二产业经济指标为基础得到的全要素生产率的文献较多，而在农业和服务业方面研究尚有欠缺；反映传统发展方式的指标多，体现新发展方式的指标少，如对于全要素生产率的研究并未将新时代的人民需求特征包含在内。其二，反映经济高质量发展的主观性指标不可计量。程虹（2018）认为高质量发展的衡量标准除了全要素生产率之外，还应包含社会福利、教育、医疗、人与自然和谐发展的维度，但是社会福利和人与自然和谐发展的指标往往难以量化。[①] 其三，现有指标数据的测算歧义较大。在设计指标体系时，存在一些反映经济高质量发展的数据缺失、口径不一等问题，如全要素生产率是高质量发展的核心指标，也是一项重要的综合性指标，它因涉及面广、涵盖内容多、行业领域跨度大等特点，导致可比性较弱（徐莹，2018），如资源综合

---

① 程虹：《到底什么是高质量发展以及如何推动高质量发展》，2018 年 10 月 15 日，见 http://www.iqds.whu.edu.cn/info/1260/18687.htm。

评价指标和环境绩效指标。[①]

三、全要素生产率的提出与测算方法的演变

全要素生产率是指各种要素投入水平在既定的条件下所达到的额外生产效率，从计算方法上来看，全要素生产率是经济增长中不能够被资本、劳动力等要素投入所解释的部分，可以看作是要素配置效率提高、技术进步或者创新等难以衡量的因素带来的效率提升，进而带来的额外经济增长。总的来说，全要素生产率在统计学意义上表现为一个残差，在经济学意义上就是对产出或经济增长的贡献。从短期来看，生产率并不是我们所关注的首要目标，但从长期来看，全要素生产率是探求经济增长源泉的重要工具，是衡量要素投入对经济增长贡献的重要手段，是政府制定长期增长政策的重要依据，也是体现一个经济体能否实现可持续发展的重要指标。中国社会科学院数量经济与技术经济研究所的测算结果表明，1977—2012年，中国全要素增长率年均增长3.6%，对经济增长平均贡献为38.3%（蔡跃洲、张钧南，2015），该结果与亚洲生产率组织（Asian Productivity Organization，APO）的测算结果基本吻合。[②]亚洲生产率组织认为，1970—2012年，中国经济年均增长8.7%，而全要素生产率的年均增长率为3.1%，平均贡献度为36.0%。可见，在投资驱动模式下，全要素生产率对于中国经济增长的贡献同样也非常突出。新时代经济发展的要求更加注重

---

①　徐莹：《加快建立高质量发展体系》，2018年3月20日，见 http://epaper.cqn.com.cn/article/462139.html。

②　蔡跃洲、张钧南：《信息通信技术对中国经济增长的替代效应与渗透效应》，《经济研究》2015年第12期。

质量的提升，然而高速增长导致环境污染与资源消耗已经逼近极限，因此，在中国新常态经济形势下，无论是单个企业，还是整个宏观经济，都亟须找到一个能推动经济增长的新动能，来实现转型升级和持续发展，同时更好地促进环境保护，而这个新动能，就是中国经济新指标——绿色全要素生产率（Green Total Factor Productivity，GTFP）。

关于全要素生产率的测算方法，经济合作与发展组织（OECD，2001）生产率手册将全要素生产率的测度方法归纳为增长核算法和经济计量学法；[①] 卡洛和利普希（Carlaw & Lipsey，2003）将全要素生产率的测度方法分为增长核算、指数法和距离函数法；[②] 马哈德万（Mahadevan，2003）将全要素生产率的测度方法分为边界和非边界两种方法；[③] 柯埃利等（2005）把生产率的测算方法概括为计量经济法、指数法、数据包络分析法和随机边界法。[④] 早期的研究主要采用增长核算法。增长核算法可分为两类，一是代数指数法，二是索洛余值法。代数指数法最早由阿布拉莫维茨（Abramvitz）提出，其基本思想是把全要素生产率表示为产出指数与所有投入加权指数的比率，核心在于选择合适的指数来衡量全要素生产率。后来一些学者又提出其他测算全要素生产率的指数法，如拉斯拜尔指数（Laspeyres Index）、派许指数（Paasche Index）、费雪指数（Fisher Index）和汤氏指数（Tornqvist

---

① OECD, Here C., "Extended Producer Responsibility–A Guidance Manual for Governments", 2001.

② Carlaw K. I., Lipsey R. G., "Productivity, Technology and Economic Growth: What is the Relationship?", *Journal of Economic Surveys*, Vol.17(3), 2010, pp. 457–495.

③ Renuka Mahadevan, "To Measure or not to Measure Total Factor Productivity Growth?", *Oxford Development Studies*, Vol.31(3), 2003.

④ Coelli T. J., Rao D. S. P., O'Donnell C. J.et al., *An Introduction to Efficiency and Productivity Analysis*, 2005.

Index）。关于全要素生产率理论可以追溯到柯布—道格拉斯生产函数的出现。20 世纪 20 年代左右，柯布和道格拉斯从边际生产率理论出发，分析了 1899—1922 年美国制造业发展进程中物质资本和劳动投入与产量之间的关系（董晓花等，2008）。[1]而正式提出这一概念的是诺贝尔经济学奖获得者丁伯格（Tinbergen），1942 年他在柯布—道格拉斯生产函数的基础上加入时间因素，时间趋势项系数表示全要素生产率的增长率。[2]1957 年索洛以丁伯格的研究为基础，首次提出"增长余值"的测算方法，从而使全要素生产率成为一个可测算的显性指标。[3]

后经丹尼森（Denison，1962）、乔根森和格里利克斯（Jorgenson & Griliches，1967）、艾格纳（Aigner，1977）等人的研究和发展，逐渐形成比较完整和相对成熟的全要素生产理论和测算方法。以下介绍几个具有代表性的绿色全要素生产率的测算理论和方法。[4]

（一）基于索洛余值的全要素生产率

根据新古典增长理论，经济增长取决于要素投入增加与全要素生产率的提高。但是，资源的有限性与需求的无限性使得人们更加关注全要素生产率的增长，这一方面的研究浩如烟海。关于生产率的研

---

① 董晓花、王欣、陈利：《柯布—道格拉斯生产函数理论研究综述》，《生产力研究》2008 年第 3 期。

② Tinbergen J., "Professor Douglas' Production Function", *Revue De Linstitut International De Statistique*, Vol.10(1/2),1942, pp. 352–371.

③ Robert M. Solow , "Technological Change and the Aggregate Production Function", *The Review of Economics and Statistics*, Vol（39）, pp.312—320, 1957.

④ Denison E. F. , "Education, Economic Growth, and Gaps in Information", *Journal of Political Economy*, Vol.70(5), 1962,pp,124–128.Orgenson D.W., "Griliches Z., The Explanation of Productivity Change", *Review of Economic Studies*, Vol.34(3),1967,pp.249–283. Aigner D.J.,Cain G.G., "Statistical Theories of Discrimination in Labor Markets", *Ilr Review*, Vol.30(2), 1977.

究主要归功于索洛（1956，1957）的开创性的贡献。他提出了规模保持不变的总量生产函数的增长方程，确定了测定技术进步贡献率的方法，即"索洛余值法"将人均产出增长减去各生产要素增长后的未被解释部分归为技术进步的结果，称为技术进步率，也就是全要素生产率的增长，从数量上确定了产出增长率、投入增长率和技术进步率之间的关系。索洛通过设定一些假设前提，将复杂的经济问题简单化。他将总产出作为资本和劳动两大投入要素的函数，将总产出增长中扣除资本、劳动力带来的产出增长，所得到的余值作为技术进步对产出的贡献，在生产函数中表现为一个残差。研究表明，美国在1909—1949 年经济增长中，生产率提高的贡献占80% 以上。[1] 在此之后，卢卡斯（Lucas，1988）认为索洛余值法为新古典增长理论作出了重要贡献，开创了经济增长源泉分析的先河。[2]

丹尼森以索洛模型为基础，通过在总产出增长率中扣除各投入要素的增长率所剩下的"余值"来测算全要素生产率的增长。与索洛不同的是，丹尼森对投入要素的分类更为详细，如他考虑到劳动力的构成，如就业、工作时间、教育等因素，然后对这些投入分量合成构成投入指数，再进行加权得到劳动投入指数，这种测量方法是在前人方法基础上的改进。丹尼森认为，知识进步能使同样的生产要素投入量的产品所需的投入量减少，从而促进经济的增长。此外，他还重视教育在经济增长中的重要作用，估计了教育因素在美国经济增长中的

[1]　Samuelson P. A., Solow R. M., "A Complete Capital Model Involving Heterogeneous Capital Goods", *Quarterly Journal of Economics*, Vol. 70(4), 1956, pp. 537–562.

[2]　Lucas Robert E., "On the Mechanics of Economic Development", *Journal of Monetary Economics*, Vol. 22(1), 1988.

重要性。教育水平的提高将引致劳动者受教育程度的提高，继而不仅促进经济的增长，而且将改变未来的经济增长方式。同时，丹尼森还估计了未来生产率的提高主要是由知识进步的提高导致的，知识进步对于经济增长的重要性愈来愈显著。根据测算得出的结论是：1955—1962年美国经济增长中，44%是由生产率增长提供的。他认为，索洛测量的结果之所以存在一个较大的全要素生产率的增长，主要是由于对投入增长率的低估造成的，而这种低估又是由于对资本和劳动两种投入要素的同质性假设造成的。①

乔根森认为在经济增长的"余值"中不仅包括无法测算或没有识别的但可以带来经济增长的因素的效率，而且包含概念和数据度量上的全部误差，这些误差在实际测算中往往与经济增长模型所采用的假定以及投入要素加总和度量指标密切相关。乔根森在全要素生产率的研究上有两大贡献：第一，采用超越对数生产函数的形式，在部门和总量两个层次上对全要素生产率进行了测算；第二，他把总量产出、资本投入与劳动投入的增长分解为质量和数量两部分，如将劳动力按行业、性别、年龄、教育、就业类别和职业六个特征进行交叉分类，并认为劳动投入的增长是工作小时数和劳动质量这两个要素变动的总和。乔根森根据自己的研究方法和产出投入数据，对1950—1962年美国的经济增长进行研究，得出了经济增长的主要根源是要素投入，而生产率的作用只有30%的结论。总之，乔根森的研究使全要素生产率理论和测算方法进一步深化，为后来的研究提供了

---

① Denison E.F. Education, "Economic Growth, and Gaps in Information", *Journal of Political Economy*, Vol.70(5),1962,pp. 124–128.

广阔的思路和视角。[①]

（二）基于随机前沿分析方法的绿色全要素生产率

随机前沿分析是由艾格纳等人（1977）及米尤森和范登布鲁克（Meeusen & Van Den Broeck，1977）最早提出，之后由巴特赛和科埃利（Battese & Coelli，1988）、库姆巴卡尔和洛弗尔（Kumbhakar & Lovell，2000）等人进一步拓展和完善了该方法。[②]随机前沿函数模型中包含了由无效率项和随机误差项构成的组合误差项。其中前者服从不对称分布（一般服从截尾正态分布），后者服从对称分布（一般服从正态分布），并认为待考察样本与其效率前沿之所以会发生偏离，其主要原因就是随机误差项和无效率项的存在。无效率项测度了技术无效率，定义为大于0，代表非价格和组织因素使得企业在既定的投入和技术水平下无法达到的最大可能的产出。另外，随机误差项表示如天气、罢工、运气等所有无法控制的随机扰动项。该方法在测度生产前沿效率时，充分考虑了随机因素对生产行为的影响，因此被广泛应用于国内外的研究当中。但是这种测算方法需要事先界定前沿函数模型，而且要估计出模型中各变量的参数。此外，该方法还假设随机误差项会受到所选数据、计量测算问题以及机会运气等因素的干预从而会服从一定的分布，因此研究可能存在内生性、误差项分布选择主

---

① Jorgenson D.W., Griliches Z., "The Explanation of Productivity Change", *Review of Economic Studies*, Vol. 34(3), 1967, pp. 249–283.

② Aigner D.J., Cain G.G., "Statistical Theories of Discrimination in Labor Markets", *Ilr Review*, Vol. 30(2).1977. Meeusen W., Broeck J.V.D., "Efficiency Estimation from Cobb–Douglas Production Functions with Composed Error", *International Economic Review*, Vol. 18(2), 1977, pp. 435–444. Battese G.E., Coelli T.J., "Prediction of Firm-level Technical Efficiencies with a Generalized Frontier Production Function and Panel Data", *Journal of Econometrics*, Vol. 38(3), 1988, pp. 387–399. Kumbhakar S.C., Lovell C.A.K., *Stochastic Frontier Analysis*, Cambridge University Press, 2000.

观性等问题。

（三）基于数据包络分析方法的绿色全要素生产率

数据包络分析（Data Envelopment Analysis，DEA）由沙恩等人（Charnes et al.，1978）在法罗（Färe，1957）边界概念的基础上首先提出来的，这种方法用线性规划方法通过将效率和生产率的分析扩展到多种投入的情况。[①]数据包络分析方法运用分段线性近似的包络数据从而模型化"最佳实践"参考技术，因此不需要特殊的函数形式。按照定位（基于投入、基于产出、可加的、倍增的），可处置性（强、弱），多样化和规模收益，测度的类型（辐射的、非辐射的、混合的）等，存在多种类型的数据包络分析模型。与随机前沿分析方法不同的是，数据包络分析是一种确定性的方法，它具有不需要对生产函数做先验假定、不需要参数估计、不需要价格信息、无须假设无效率的概率分布等特点和优点，使其不管是在理论研究还是在实证分析方面，都为学者们提供了一个科学有效的探索方法。但这种确定性忽略了随机因素对生产行为的影响，因此全要素生产率的测量具有一定误差并且该方法对极端值特别敏感。而传统的数据包络分析模型存在线性模型假设、径向性、角度性和主观设定方向向量等缺陷。随着后期研究的深入，学者也提出基于松弛值测算的模型、量程调整测量（Range-Adjust Measure，RAM）等不同类型的数据包络分析模型。另外，近年来数据包络分析的方法已经拓展到非参数估计因子统计性质的敏感性分析，尤其是各种抽样技术的方法如折叠法（Jackkifing）和分布法

---

① Charnes A., Granot D., Granot F., "On Solving Linear Fractional Interval Programming Problems", *Cahiers Centre Études Rech Opér*, Vol. (20), 1978, pp. 45–57.

（Bootstrapping），半参数方法的应用和机会约束规划技术的应用，在一定程度上弥补了数据包络分析在计量方面的缺陷。

第二节　传统生产前沿面的构建

党的二十大报告指出，"坚持以推动高质量发展为主题，把实施扩大内需战略同深化供给侧结构性改革有机结合起来"，"加快建设现代化经济体系，着力提高全要素生产率"。习近平总书记进一步强调："我们必须认识到，从发展上看，主导国家发展命运的决定性因素是社会生产率发展和劳动生产率提高，只有不断推进科技创新，不断解放和发展社会生产率，不断提高劳动生产率，才能实现经济社会持续健康发展。"这也意味着高质量发展就是通过质量变革、效率变革、动力变革促进全要素生产率的提高。结合习近平总书记关于全要素生产率和生态文明思想的论述，本书将农业绿色发展归纳为生产率高、资源节约和环境友好三个主要特征，并在此框架内构建中国农业绿色发展指数，进而利用马尔奎斯特（Malmquist，1953）的距离函数的测量方法，形成一个多投入、多产出的生产技术前沿面。

本书以省域为研究单位，如果将一个省份当成一个生产决策单元（Production Decision Unit，DMU）置于相同的技术结构下，参考由法罗（1994）扩展的数据包络分析方法来构造每一个时期中国农业生产的生产前沿面。[①]生产前沿面是评判单个生产决策单元的基准，落在前沿面上的生产决策单元被称为"最佳实践者"，落在最前沿面内部

---

① Färe R., Grosskopf S., "Estimation of Returns to Scale Using Data Envelopment Analysis: A comment", *European Journal of Operational Research*, Vol. 79(2), 1994, pp. 379–382.

的生产决策单元被称为"在技术上存在非效率"。引入时间动态 t 的概念，把单个生产决策单元的实际生产点与生产前沿面上的映射点比较，可以对技术效率变化和技术进步进行测度。本章从产出角度来定义农业全要素生产率指数。如上所述，数据包络分析测算可以分为投入角度和产出角度。在投入角度的测算中，保持产出水平不变尽量减少投入要素的使用；在产出角度的测算中，保持投入角度不变尽量增加产出。在规模报酬不变（Constant Return to Scale，CRS）的技术条件下，两种测算方法得出的技术效率是一样的；在规模报酬可变（Variable Return to Scale，VRS）的技术条件下，两种测算方法的效率值不一样。[①] 李谷成和冯中朝（2010）指出，农业生产符合规模报酬不变的原因在于规模报酬概念对于农业生产只有理论意义而没有实践价值，纯粹的经济学含义是指所有要素按同一比例同时增减，但农业生产中基本上不能达到这一要求。[②]

在基于产出角度的模型中，若干个时期 $t=1,2,\cdots,T$ 的第 $k=1,2,\cdots,K$ 个省份使用 $n=1,2,\cdots,N$ 种投入要素 $x_{k,n}^{t}$，生产 $m=1,2,\cdots,M$ 种产出 $y_{k,m}^{t}$，每一组观测值均严格为正，每一期生产决策单元数量均保持一致。在不变规模报酬情景下，根据涂正革和谌仁俊（2013）的研究，该生产可能性集应满足以下几条特性：[③]

（1）投入的自由可处置性（Free Disposability），即有限投入只能

① Coelli T. J., Rao D. S. P., O. Donnell C. J. et al., " An Introduction to Efficiency and Productivity Analysis", *Springer US*, 2005.

② 李谷成、冯中朝：《中国农业全要素生产率增长：技术推进抑或效率驱动———一项基于随机前沿生产函数的行业比较研究》，《农业技术经济》2010 年第 5 期。

③ 涂正革、谌仁俊：《传统方法测度的环境技术效率低估了环境治理效率? ——来自基于网络DEA 的方向性环境距离函数方法分析中国工业省级面板数据的证据》，《经济评论》2013 年第5 期。

产生有限产出，使用数学表达式为：若 $(x,y) \in P(x,y)$，且 $x' \leqslant x$，那么 $(x',y) \in P(x,y)$。

（2）好产出的强可处置性（Strong or Free Disposability），即在投入相同的条件下，产出之间的差距，反映了技术效率的高低，使用数学表达式为：若 $(x,y) \in P(x,y)$，且 $y' \leqslant y$，则 $(x,y') \in P(x,y)$。

于是，使用以上的投入产出矩阵，我们可以将决策单元 $(DMU_i(x_i, y_i))$ 在 t 时期的生产技术表述为公式（5-1）：

$$P^t = \begin{cases} \sum_{k=1}^{K} z_k^t y_{k,m}^t \geqslant y_{k,m}^t, m = 1, \cdots, M \\ \sum_{k=1}^{K} z_k^t x_{k,m}^t \leqslant x_{k,n}^t, n = 1, \cdots, N \\ z_k^t \geqslant 0, k = 1, \cdots, K \end{cases} \qquad （5-1）$$

式中，Z 为权重矩阵，反映单个生产决策单元评价技术效率时的权重，也是构造技术结构的参数。参考技术包含 t 时期的所有投入产出的可行集合，基于产出的单个生产决策单元技术效率被定义为既定技术结构和要素投入下实际产出与最大产出的比率。因此，决策单元（DMU）在 t 期技术条件下满足的目标式为公式（5-2）：

$$F_0^t = \max \left\{ \theta : \theta_y^t \in P^t \right\} \qquad （5-2）$$

该目标式满足的线性规划约束式为公式（5-3）：

$$F_0^t = \max_{\theta, z} \theta^k$$

$$\text{s.t.} \begin{cases} \sum_{k=1}^{K} z_k^t y_{k,m}^t \geqslant \theta y_{k,m}^t, m = 1, 2, \cdots, M \\ \sum_{k=1}^{K} z_k^t x_{k,m}^t \leqslant x_{k,n}^t, n = 1, 2, \cdots, N \\ z_k^t \geqslant 0, k = 1, 2, \cdots, K \end{cases} \qquad （5-3）$$

定义产出距离函数为既定要素投入和技术结构下，实际产出相对于参考的生产前沿面能够增加的最大比例，则其正好为 Farrell 技术效率的倒数，从而定义参考技术 P 的产出距离函数为公式（5-4）：

$$D_0^t\left(x^t,y^t\right)=1/F_0^t\left(x^t,y^t\right) \qquad (5\text{-}4)$$

因为技术效率的取值在（0，1]之间，所以当且仅当 $D=1$ 时，该生产决策单元为最佳实践者处在生产前沿面上，技术上完全有效率；如果 $D>1$，则该生产决策单元处在生产前沿面内部，存在技术非效率。引入跨期的动态概念，则全要素生产率指数可以定义为相邻两个时期的生产率变动公式（5-5）：

$$TFP=\frac{y^{t+1}/x^{t+1}}{y^t/x^t} \qquad (5\text{-}5)$$

在产出距离函数的框架内，根据凯维斯等人（Caves et al., 1982）的推导，[①] 在时期 t 的参考技术下，产出角度的全要素生产率变化可以用马尔奎斯特生产率指数表示为公式（5-6）：

$$M_0^t=\frac{D_0^t\left(x^{t+1},y^{t+1}\right)}{D^t\left(x^t,y^t\right)} \qquad (5\text{-}6)$$

同样，也可以采用 $t+1$ 期的生产前沿面作为基准来衡量从 t 到 $t+1$ 期的全要素生产率的变化，即在时期 $t+1$ 的参考技术下马尔奎斯特指数表示为公式（5-7）：

$$M_0^{t+1}=\frac{D_0^{t+1}\left(x^{t+1},y^{t+1}\right)}{D^{t+1}\left(x^t,y^t\right)} \qquad (5\text{-}7)$$

这样，基于上述两个时期生产率指数的几何平均数公式即可形成马尔奎斯特生产率指数表示为公式（5-8）：

① Caves D. W., Christensen L. R., Diewert W. E., "The Economic Theory of Index Numbers and the Measurement of Input, Output, and Productivity", *Econometrica*, Vol.50(6),1982, pp.1393-1414.

$$M_0\left(x^{t+1}, y^{t+1}; x^t, y^t\right) = \left(\frac{D_0^t\left(x^{t+1}, y^{t+1}\right)}{D_0^t\left(x^t, y^t\right)} \times \frac{D_0^{t+1}\left(x^{t+1}, y^{t+1}\right)}{D_0^{t+1}\left(x^t, y^t\right)}\right)^{1/2} \quad （5-8）$$

进一步将马尔奎斯特生产率指数分解为"效率变化"或"追赶""技术变化"或"创新"。其中，"技术变化"衡量的是生产前沿面从 t 期到 $t+1$ 期的移动，反映了技术进步的作用。生产可能性边界的移动代表了技术进步的作用，具体为既定要素投入下外生技术进步对生产可能性边界的外推或内移。"效率变化"衡量的是规模报酬不变和投入强可处置条件下，每个生产决策单元在 t 期到 $t+1$ 期从实际生产点到生产前沿面"最佳实践者"的追赶速度，衡量农户在既定的技术水平和要素投入规模下，实际产出与生产可能性边界上可能的最大产出之间的垂直距离，距离越大，技术效率越低，而代表生产可能性边界的前沿生产函数则成了衡量技术效率的基准平台。这种分解方式可以很方便地用来区分并检验生产率的收敛性即创新性，即公式（5-9）和公式（5-10）：

$$EFFC = \frac{D_0^{t+1}\left(x^{t+1}, y^{t+1}\right)}{D_0^t\left(x^t, y^t\right)} \quad （5-9）$$

$$TECHCH = \left(\frac{D_0^t\left(x^{t+1}, y^{t+1}\right)}{D_0^{t+1}\left(x^{t+1}, y^{t+1}\right)} \times \frac{D_0^t\left(x^t, y^t\right)}{D_0^{t+1}\left(x^t, y^t\right)}\right)^{1/2} \quad （5-10）$$

其中，马尔奎斯特生产率指数可以表示为公式（5-11）：

$$M_0(x^{t+1}, y^{t+1}; x^t, y^t) = EFFC \times TECHCH \quad （5-11）$$

进一步将效率变化 EFFCH 分解为纯效率变化和规模效率变化，其中，EFFECH 是在规模报酬不变技术条件下计算，纯技术效率是在可变规模报酬（VRS）技术条件下计算，而 SCH 衡量两种技术条件下的变化程度。

第三节　绿色全要素生产率的测算框架

在生产过程中，生产决策单元除了产出希望获得的好产出外，还经常不可避免地产生一些不愿意获得的非期望产出，如工业"三废"，农业面源污染等，这就需要构造出一个既包含期望产出又包含非期望产出的生产可能性集合，即环境技术。现有的研究中，在数据包络分析分析的框架内处理非期望产出的方法大致上分为曲线测度评价法、数据转换函数处理法、非期望产出作为投入要素的方法和方向距离函数法。

一、曲线测度评价方法

曲线测度是法罗等人（1989）提出的一种非线性的环境生产率评价方法，其基本思想是以"非对称"的方式对投入和产出变量进行处理，允许在增加期望产出的同时，减少非期望产出。具体地说，曲线测度评价法以径向测度来分析期望产出的生产率，从而达到在生产率评价过程中增加期望产出和减少非期望产出的目的。[①] 曲线测度方法可分别基于环境污染的弱可处置性和强可处置性。所谓弱可处置性是指想要减少非期望产出必须牺牲部分期望产出，也就是说，污染的治理是需要付出代价的。强可处置性是指在生产过程中，环境污染能被自由处置，也就是说对环境污染的处理并不会影响期望产出的产量。曲线测度法的优点在于其能够在提高期望产出的同时降低或减少非期望产出（环境污染），从而能够较好地反映出环境生

---

① Färe R., Grosskopf S., Valdmanis V., "Capacity, Competiton and Efficiency in Hospitals: A Nonparametric Approach", *Journal of Productivity Analysis*, Vol. 1(2), 1989, pp. 23–138.

产率度量的过程，同时也能对实际生产过程有所反应。然而，由于该方法是一种非线性的生产率评价方法，求解较为困难，从而使其应用受到一点限制。

二、数据转换函数方法

数据转换函数法的基本思想是将高的非期望产出转换为低的期望产出，然后将转换后的非期望产出作为普通的期望产出，运用传统的数据包络分析模型分析决策单元的环境生产率。根据非期望产出的转换方式，目前主要有三种数据转换函数的基本形式，即负产出转换法、线性数据转换法和非线性数据转换法。负产出转换法是通过将非期望产出乘以 –1 而转换为一个正的期望产出，同时由于数据包络分析模型要求产出向量不能为负值。因此需要使用一个较大的数值 W 加在转换后的非期望产出上，以保证产出向量为正。线性数据转换法是通过一个线性的数据转换函数将非期望产出转换为期望产出后，然后将得到的 u 作为期望产出添加到传统的数据包络分析模型中进行环境生产率评价。由于线性数据转换法是基于 BCC 模型的分类不变性原理，在 BCC 模型中，可以有效地保持凸性和线性关系，但在 CCR 模型中却无法保证分类的一致性。非线性数据转换法也称为倒数转换法，是通过数据转换函数将非期望产出转换为越大越好的期望产出。非线性数据转换法的数据包络分析模型为公式（5-12）：

$$F_0^t = \max_{\theta,z} \theta^k$$

$$\text{s.t.} \begin{cases} \sum_{k=1}^{K} z_k^t y_{k,m}^t \geqslant \theta y_{k,m}^t, m = 1, 2, \cdots, M \\ \sum_{k=1}^{K} z_k^t x_{k,m}^t \leqslant x_{k,n}^t, n = 1, 2, \cdots, N \\ \sum_{k=1}^{K} z_k^t \frac{1}{u_{ki}^t} \leqslant \theta \frac{1}{u_{ki}^t}, i = 1, 2, \cdots, I \\ z_k^t \geqslant 0, k = 1, 2, \cdots, K \end{cases} \quad (5-12)$$

非线性数据转换法虽然可以较好的区分环境生产率的差异，也能部分地理解环境生产率的实质，但是该方法违背了实际生产过程的实质，度量的环境生产率仍然会是有偏的。

三、环境污染作为投入要素的处理方法

由于在评价环境生产率时，人们总是希望环境污染越小越好，这与数据包络分析对投入指标的要求是一致的，因此环境污染在生产率中也常被当成投入要素处理。具体来讲，将环境污染作为投入要素来处理指的是生产率评价过程中，将环境污染作为一种投入要素，和其他常规投入要素一起添加到传统的数据包络分析模型中，以此来分析决策单元的环境生产率，具体可以表述为式（5-13）：

$$F_0^t = \max_{\theta, z} \theta^k$$

$$\text{s.t.} \begin{cases} \sum_{k=1}^{K} z_k^t y_{k,m}^t \geqslant y_{k,m}^t, m = 1, 2, \cdots, M \\ \sum_{k=1}^{K} z_k^t x_{k,m}^t \leqslant \theta x_{k,n}^t, n = 1, 2, \cdots, N \\ \sum_{k=1}^{K} z_k^t u_{ki}^t \leqslant \theta u_{ki}^t, i = 1, 2, \cdots, I \\ z_k^t \geqslant 0, k = 1, 2, \cdots, K \end{cases} \quad (5-13)$$

四、方向性距离函数

环境技术的构建给出了环境产出的可能前沿，能很好地反映实现社会价值最大化的条件实现区间，使"好"产出增加和"坏"产出减少。环境技术效率在环境技术的条件下计算得到，一般来讲，衡量环境技术效率，有两种思路：第一种思路是给定污染物 b，以好产品的实际产量与最大产量之间的比率来衡量环境技术效率，这种方法经常会招致批评，特别是在环境污染严重的时期，民众的意愿是要求经济增长的同时，污染排放也减少。而第二种思路——方向距离函数能很好地满足产出增长的同时，达到污染减少的要求，方向距离函数指在给定方向、投入与环境技术结构下，"好"产品扩大与"坏"产品缩小的可能性大小（涂正革，2008）。[①]

那么，如何在环境技术的框架内计算环境技术效率呢？传统的做法是计算"好"产品和"坏"产品可能扩张的倍数，但这并不符合社会政策实施的目标。数据包络分析方向距离函数则根据龙伯格（Luenberger，1995）短缺函数的思想，引入方向向量 $g(g_y, -g_b)$，[②] 构造了方向距离函数如式（5-14）所示：

$$\vec{D}_0^t\left(y^t, x^t, b^t; g_y, -g_b\right) = \sup\left\{\beta : \left(y^t + \beta g_y, b^t - \beta g_b\right) \in P^t\left(x^t\right)\right\} \quad （5-14）$$

方向距离函数衡量的是决策单元和前沿面的距离，距离越远，表示改进空间越大，效率越低；反之，距离越近，表示改进空间越小，效率越高。根据方向距离函数思想，可以计算得到决策单元的环境技

---

①　涂正革：《环境、资源与工业增长的协调性》，《经济研究》2008 年第 2 期。

②　Luenberger D. G., "Externalities and Benefits", *Journal of Mathematical Economics*, Vol. 24(2), 1995, pp. 159–177.

术效率如式（5-15）所示：

$$ETE\left(y_k^t, x_k^t, b_k^t; g_y, -g_b\right) = \frac{}{\left[1 + D^t\left(y^t, \quad x^t \quad b^t; g_y - g_b\right)\right]} \qquad (5\text{-}15)$$

目前来看，方向距离函数通过设置特定的方向向量，使得决策单元按照该方向改进，具有很强的主观性。就农业环境而言，经济发达地区具有优良环境的偏好，而欠发达地区更加倾向于牺牲环境来发展经济，因此这两种决策单元改进环境技术效率的方向不同。为尽力避免方向向量选择主观性带来环境技术效率测度的偏误，本书选取较为中性的改进方向，即设置方向向量为 $g_1 = (g_y, -g_b)$，表示"好产出"在增加一个单位时，"坏产出"减少一单位，按照该方向向量思路，则可以在环境技术 $P_t(x_t)$ 通过求解线性规划方程式，计算得到方向性环境距离函数如公式（5-16）所示：

$$\vec{D}_0^t\left(y_k^t, x_k^t, b_k^t; g_y, -g_b\right) = \max\beta$$

$$\text{s.t.} \begin{cases} \sum_{k=1}^{K} z_k^t x_{k,\,n}^t \leqslant x_n^t, \ n=1,2,\cdots,N, \ k=1,\cdots,K \\ \sum_{k=1}^{K} z_k^t y_{k,\,m}^t \geqslant (1+\beta)y_m^t, \ m=1,2,\cdots,M, k=1,\cdots,K \\ \sum_{k=1}^{K} z_k^t b_{k,\,j}^t = (1-\beta)b_j^t, \ j=1,2,\cdots, J, k=1,\cdots,K \end{cases} \qquad (5\text{-}16)$$

第四节　数据获取与实证结果

一、农业相关数据的获取与说明

按照数据包络分析方向距离函数的理论和方法，对农业环境技术效率进行测算，本书选取中国 30 个省（自治区、直辖市）（香港和澳门特别行政区、台湾地区和西藏自治区除外）的 1998—2020 年农业经济、环境污染、社会发展等多项指标构成省级面板数据，各类数据来源于历年《中国统计年鉴》《中国农村统计年鉴》《中国环境统计年鉴》《中国水资源汇编》、中经网统计数据库、国研网统计数据库、Wind 宏观数据库等。缺失数据通过线性插值法补全。

在投入要素上，本书按照农业生产规律、数据包络分析的基本要求和其他文献的方法，选取耕地面积（Land）作为土地投入、农林牧渔业从业人员（Labor）作为劳动投入、农业机械总动力（Machine）作为机械投入、农用化肥施用折纯量（Fertilizer）作为肥料投入、农业用水量（Water）作为资源投入。其中，使用"耕地面积"而不是"农作物播种面积"作为土地投入，更能反映实际的土地状况，避免由于耕地的复种、休耕和弃耕等现象带来的差距；以"农林牧渔业从业人员"而不是"农村人口"作为劳动力投入，避免将无劳动能力的儿童和丧失劳动能力的老人作为劳动人口带来偏差；在传统生产模型中增加机械总动力能更好地衡量地域经济发展和技术水平的差异，机械动力包含耕作、排灌、农业运输等农业机械，不包含非农用途的农业机械；同时增加农业用水量投入更能体现当代社会自然资源约束和国家"生态文明建设"的主体方针，1998—2001 年的水资源数据来源于《中国水资源公报》，2002—2020 年数据来源于《中国统计年鉴》。

在产出指标上，本书选取农业增加值作为唯一产出指标，并以 1998 年为基期做价格平减，数据来源于《中国统计年鉴》和《中国农村统计年鉴》。

在污染指标上，本书根据农业污染排放的主要特征和其他文献的方法，选取了农业面源污染相关指标。有必要说明的是，"面源污染"与"点源污染"相对应，点源污染主要指工业生产与城市生活中产生的污染物，这类污染物通常具有固定的排污口。然而，在农业生产中，农药、化肥、塑料薄膜等生产物质使用后，未被作物吸收和土地自然降解的氮、磷等化学元素，以及农药残留的有机物和无机物，通过农田的地表径流和农田渗漏，致使水体和土壤受到污染。由于农业面源污染分散、隐蔽且不易监测，因此很难量化，现有文献的核算方法主要有四种：一是模拟和实验法，即基于流域尺度的大量模拟和实验，但成本高昂且覆盖面不广；二是替代法，以化肥、农药等使用量替代面源污染程度，这种方法忽略了作物的吸收和区域差异带来的偏误；三是养分平衡法，即使用过剩的氮、磷替代污染，但存在偏差大、污染流动方向模糊等缺点，很难反映真实污染水平；四是清单分析法，从管理学的角度，明确分析目标，确定污染单元，实行分类统计，因其准确、方便的特点，得到广泛应用。

　　本书根据清单分析法的要求，确定农业面源污染的主要指标为农业化学需氧量、总氮、总磷三类，区分污染来源有四类，分别为农田化肥、农田固体废弃物、禽畜养殖和水产养殖。其中农田化肥统计氮肥、磷肥和复合肥施用量，计算氮和磷的排放量；农田固体废弃物统计水稻、小麦、玉米等作物总产量，计算化学需氧量、氮和磷的排放量；禽畜养殖统计牛、猪、羊家禽的年内出栏量，计算化学需氧量、氮和磷的排放量；水产养殖统计淡水养殖的总面积，计算化学需氧量、氮和磷的排放量。得到各投入产出的基础统计量，如表5-1所示。

表 5-1　中国农业投入、产出的基础统计量

	变量名	单位	观测值	均值	标准差	最小值	最大值
投入	农林牧渔业从业人员	万人	690	884.2	840.3	33.38	3548.2
	农业耕地面积	千公顷	690	4293.5	2825.6	188	15951.3
	农业机械总动力	万千瓦	690	3261.3	2633.9	96.5	17456.3
	农用化肥施用折纯量	万吨	690	158.7	127.1	6.57	812.2
	农业用水量	亿立方米	690	144.3	112.4	6.4	644.2
期望产出	农业增加值	亿元	690	9210.2	9478.3	220.92	59342.8
非期望产出	农业化学需氧量	万吨	690	46.2	40.2	2.27	178.5
	农业总氮排放量	万吨	690	27.3	26.3	2.63	88.6
	农业总磷排放量	万吨	690	3.3	3.5	0.19	13.9

注：数据来源于《中国农村统计年鉴》《改革开放三十周年汇编》，根据 Stata 软件整理。

二、基于非参数数据包络分析方法的实证结果

就农业经济发展而言，各地区投入资源要素，得到农业经济增长，同时造成农业面源污染。农业环境效率是根据投入产出指标计算得到的，若某一地区以较少的要素投入，获得较多的经济增长和较少的环境污染，则其环境技术效率相对较高，反之则较低。处于相对较高环境技术效率决策单元的包络曲线构成了效率前沿，其效率指标为 1，其他决策单元与效率前沿面的距离为该决策单元的改进空间，改进的方向为预先设置的方向向量 $g(g_y, -g_b)$，即增加一个单位"好产出"的同时，减少一单位的"坏产出"，这对于传统只关注经济发展的评价体系更加科学合理，也符合政府决策目标和民众对于优质环境的需求。[①]

根据以上评价方式，本书基于 1998—2020 年农业环境、经济增

---

① 需要说明的是，方向向量的设置具有一定的主观性，其中，$a/b=1$ 表示增加一单位好产出，同时减少一单位坏产出，对于经济发展需求较高的地方可以设置 $a/b>1$，对于环境质量需求较高的地方可以设置 $a/b<1$。本书为计算方便，统一设置为 $a/b=1$。

长和社会发展等相关指标，构成省域面板数据，通过数据包络分析方向距离函数方法计算得到农业环境技术效率，定义该效率指标为绿色发展指数。对得到的效率指标进行区间划分，处于前沿面的省份为绿色农业，即效率指标等于1，效率指标介于0.7和1之间的省份为蓝色农业，效率指标小于0.7的省份为红色农业。同时为了得到更加丰富和客观的结论，本节从静态特点和动态演变两个方面评价各省在绿色农业发展上的差异和分布特点。

表5-2　2020年各省农业绿色发展状况分类表

类别	省份
绿色农业	上海、北京、天津、江苏、江西、河南、贵州、陕西、青海
蓝色农业	四川、广西、山西、黑龙江
红色农业	浙江、福建、重庆、湖北、云南、内蒙古、吉林、宁夏、安徽、山东、广东、新疆、河北、海南、湖南、甘肃、辽宁

注：根据数据包络分析方向性距离函数方法计算并整理得到。

（一）关于中国农业绿色发展指数的静态特点

利用投入产出数据和方向距离函数的方法，计算得到各省2020年农业环境技术效率指标，如表5-2所示，上海、北京、天津、江苏、江西、河南、贵州、陕西和青海9省农业绿色发展指数为1，为绿色农业；四川（0.915）、广西（0.843）、山西（0.796）、黑龙江（0.774）4省为蓝色农业；浙江、福建、重庆、湖北、云南等17省为红色农业。

由2015年农业环境技术效率指标可以看出，农业绿色发展形势不容乐观，红色农业占据的比例已经达到56.67%。处于绿色农业组别中，京、津、沪三地因其污染排放极少而达到效率前沿面，就北京来讲，虽然农林牧渔总产值仅处于中间水平，但总氮、总磷和化学需氧量排放分别为 3.54 万吨、0.45 万吨、6.39 万吨，与产值相近的重庆和内蒙古相比，污染排放仅为其 1/3 和 1/10。由此可以看出，在考虑资源与环境因素后的环境技术效率评价结果更加真实和科学。

同样，采取上述方法计算得到 1998—2020 年各省份 23 年的效率均值，则可以得到各省农业绿色发展状况的分类，如表 5-3 所示。

表 5-3　1998—2020 年各省农业绿色发展状况分类表

类别	省份
绿色农业	上海、北京、江苏、江西、河南、陕西、青海
蓝色农业	吉林、四川、天津、山西、广西、浙江、湖北、福建、贵州、黑龙江
红色农业	云南、内蒙古、宁夏、安徽、山东、广东、新疆、河北、海南、湖南、甘肃、辽宁、重庆

注：根据数据包络分析方向性距离函数计算并整理得到。

通过对比表 5-2 和表 5-3 可以得到：第一，在使用 23 年均值替代农业绿色发展指数之后，绿色农业发展组中的省份由 9 个降到 7 个，红色农业发展组中省份由 17 个降到 14 个，农业绿色发展可能呈现出极端化趋势，即"优者越优，劣者越劣"。第二，处于蓝色组和红色组中的地区，效率低下的原因主要有两个：一是要素投入高且污染严重，如四川、山东等，污染排放水平远高于其他地区；二是产值较低，如宁夏、甘肃等，农林牧渔产值远低于其他地区，当然这也归咎于这些地区的特殊地理劣势和气候水平并不适合农业发展。

（二）关于中国农业绿色发展指数的动态演变

通过对 30 个省级行政单位绿色发展指数平均，得到各年度农业绿色发展指数，如图 5-1 所示，大体上可将农业绿色发展指数变化趋势分为波动期、平稳期和下降期三个阶段。第一阶段为波动期，时间年限为1998—2004年，在这一阶段绿色发展指数波动频繁，整体趋势下降，在1999年和2002年分别出现了短暂的上升，两次上升均难以扭转农业绿色发展恶化的趋势；第二阶段为平稳期，时间跨度为2004—2011年，在这一阶段农业绿色发展指数保持相对平缓，在0.77左右，2005年和2006年有短暂回升之后又降落至平均水平；第三阶段为下降期，时间跨度为2011—2020年，整体趋势下降明显，但幅度不大，绿色发展指数平均每年下降0.021左右。

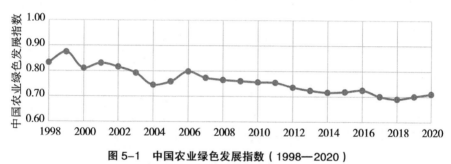

图5-1 中国农业绿色发展指数（1998—2020）

注：根据数据包络分析方向性距离函数计算并整理得到。

　　绿色发展的评价能准确地体现我国各地区农业资源、环境与经济增长的协调性，而数据包络分析方向距离函数能将资源、环境与经济因素放在同一框架内考虑。正因如此，本章在该方法框架内对我国30个省（自治区、直辖市）23年的农业发展状况进行了评估，通过绿色发展指数的静态特征、动态演变过程和区域发展态势分析农业绿色发展状况，得到了相对完整的结论。

　　从静态特征来看，北京、上海、天津等9地均处于农业绿色发展状态，但仍有新疆等17个地区处于农业红色发展状态；从动态演变的过程来看，我国农业绿色发展状态趋势逐渐恶化，平均绿色发展指数逐年降低；从区域发展水平来看，在我国30个地区中，大多数地区农业绿色发展堪忧，特别是东北部、中部和南部沿海地区均表现出长期的失衡状态，农业经济发展与资源环境约束的两难状态有待进一步改善；中部地区状态差异明显，并未出现"模仿效应"，西部地区表现良好，农业绿色发展区域逐渐扩大。

第六章　农业绿色发展的影响因素探索

第一节　问题的提出

关于农业绿色发展影响因素的探讨存在丰富的研究成果，农业绿色发展影响因素也一直是农业经济和环境经济领域研究的热点问题。一方面，著名的环境库兹涅茨曲线对经济发展与环境污染的非线性关系做了具体的描述，在农业方面是否也存在同样的变化特征？农业环境库兹涅茨曲线的理论拐点在哪里？这些问题一直都是环境经济学考察的焦点和难点。另一方面，关于农业生产效率提升的影响因素也存在大量的研究，无论是农业生产要素市场、农户规模等微观因素方面，还是农业生产制度、农业政策等宏观方面，都吸引了众多研究者的目光。事实上，不管是否考虑了环境和资源因素，关于农业经济的研究，都是一个系统而复杂的过程。国别、制度、地区、环境、生产模式等多方面的原因决定了研究农业经济的学者们在这一问题上难以形成统一且准确的答案。

在农业生产效率的影响因素方面，已有的研究在微观和宏观方面为读者提供了以下三种解释：第一，要素市场的不完全是造成农业生产效率低下的原因之一。按照农业生产规模加以区分为大农户和小农户，他们在面临的土地、劳动、资本及生产资料方面均存在明显的差异。土地方面，因规模效应而导致综合效率存在差距；劳动方面，大农户扮演了雇主的角色，而小农户往往是采用自给自足的方式进行生产；资本方面，大农户较小农户有更好的农业贷款便利，面对国家统一的政策，可以得到更多的财政支持；生产资料方面，大农户的机耕机作方式更加普遍（Newell et al.，1997）。[①]第二，农业生产主体差异也是影响农业生产效率的重要原因之一。大量的研究表明，更好的生产管理、更佳农业生产技术的运用都是提高农业生产效率的途径之一，而这些都是难以观察到的农业生产主体异质性。舒尔茨（2002）在农业人力资本因素上做了非常详细的探讨，得到的结论也论证了这一观点。[②]第三，农业生产规模与农业生产效率结论不一。阿玛蒂亚·森对印度农业的研究，发现了农业生产规模与农业生产效率之间存在负向关系，引得各国学者对这一命题展开了激烈的探讨。显而易见的是，严格的负向关系无法准确地体现发达国家与发展中国家之间在农业生产上的差异，至少对于中国这个农业大国而言不太合理。自1978年改革开放以来，林（Lin，1992）的研究证明，这一生产模式上的转变为中国农业经济的增长作出了高达46.89%的贡献。[③]但在1984年，随着该制度的一次性突发增长效应基本释放完毕，中国农业生产波动等不可控因素以及中国的很多地区对实行土地流转和规模

---

① Newell A., Pandya K., Symons J., "Farm Size and the Intensity of Land Use in Gujarat", *Oxford Economic Papers*, Vol. 49(2), 1997, pp.307–315.

② ［美］西奥多·舒尔茨著：《对人进行投资：人口质量经济学》，吴珠华译，首都经济贸易大学出版社2004年版。

③ Lin J. Y., "Rural Reforms and Agricultural Growth in China", *American Economic Review*, Vol. 82(1), 1992, pp. 34–51.

经营的呼声日益高涨，群众对于家庭联产承包责任制的质疑声从未停止，中国政府选择在渐进式改革过程中不断摸索着农业经济发展的新道路。

协调推进经济社会发展，加快构建走向生态文明新时代的生产方式、生活方式和空间格局，要求实现环境保护与经济高质量发展的双赢。就农业环境污染而言，关于影响生产效率的因素是否同样会影响面源污染的产生，抑或类似于环境库兹涅茨曲线的观点，必须找到合适的拐点，从而在农业环境与经济增长之间寻求平衡的研究。抛开环境因素，经济增长是一个漫长而坚定的过程，中国需要大力治理农业环境污染，实现经济的可持续增长，从而突破"中等收入陷阱"。

本书提出，中国应在三个层面治理农业环境污染。理论层面，规模化经营、低排放、低消耗和低投入的农业生产方式以及合理的农业环境规制强度等是农业环境保护和治理的关键。现实层面，农业经济需要结合社会发展的阶段、区域差异、气候特征，以及城乡二元经济格局等因素制定合理的环境治理方案。实证层面，学者需要将农业资源要素投入、经济产出和污染因素纳入统一模型框架内进行研究。基于以上所述，环境治理不能采取"一刀切"的政策。因此，在同一种评价体系内，找到合适的参数估计模型对于探寻农业绿色发展的动力机制极为重要。

为了解决这一问题，在第五章计算得到绿色发展指数的基础上，利用变系数半参数分析模型进行参数估计。这种半参数估计的方法有两个优点：一是避免了传统应用微观计量的大数据约束；二是通过模型估计，研究者可以观察到时间维度上的变化特征。另外，本章还按照农作物种植区域将中国农业生产区域划分为水稻种植区、小麦种植区和棉花种植区，分样本探寻不同区域的农业绿色发展动力机制。

第二节　农业绿色发展的影响因素梳理

农业绿色发展主要体现在两个方面：一方面是农业生产效率的提高；另一方面是资源节约和农业面源污染的减少，二者共同构成农业绿色生产效率。本书将绿色生产效率提高归因于机械化程度的提高、生产技术进步以及人力资本的提升。这三方面的动力机制能够有效推动技术前沿进步，带来农业绿色生产效率的改善。

一、机械的运用是提高农业生产效率的途径之一

农业生产过程中，机械的运用是工业化的一个重要表现，前人研究大体可以分为两类：一类是以曼图斯（Mantous）为代表的"悲观派"，他们认为农业的变迁早于工业的发展，甚至随着工业的迅速发展，对农业造成了极大的负面影响；而以杨和普洛泽尔（Young & Protheor）为代表的"积极派"则认为制造业中心的产生和人口的增长会产生大量的农产品消费需求，消费需求对农业生产有决定性的刺激作用，而且工业的形成和进步将会使农业劳动者采用更加先进的技术手段来生产更多的农产品。经过多年发展，后者成为工农相互关系的主流思想。工业化对农业发展的正面影响已经被历史证明，根据希克斯中性（Hicks-neutral）标准，这些正面的影响可以分为三类：一是节约土地，新品种对老品种的替代，改变了轮耕制度，提高了土地的生产力；二是节约劳动，机械化对于畜牧的替代、改变了耕作方式，提高了劳动

生产力；三是中间品要素的投入，化肥、农药等农资设备的改进提高了单位面积的产量。换言之，研究工业化对农业的影响，就是研究在工业中所发生的基要性，即有战略重要性的生产技术变迁对于农业生产部门的影响（张培刚，1949）。[①] 衡量工业技术进步和信息扩散对于农业生产效率的影响作用，特别是在现代农业中，土地和劳动力数量已不再是影响农业增长的主要因素，作为体现技术进步和工业进程的机械、化肥、农药等，对农业增长起到了显著的正向作用（杭帆和郭剑雄，2016）。[②]

二、技术进步是农业经济增长的动力源泉

传统农业充其量只能有很小的增长机会，因为农民已经用尽了自己所支配的技术状态下的有力的生产可能性，对他们使用的生产要素作出更好的资源配置以及进行更多的储蓄和投资无助于增长。技术进步为促进农业经济增长提供了可靠的动力源泉，主要体现在生产技术进步和生化技术进步上，实现这一目标有多种途径。首先，更加精细化的管理有助于农作物在洪涝灾害年份免受侵害；其次，更加先进的农资能够减少与农业生产关联的多重因素带来的风险和不确定性；最后，种子的改良和新品种的创造会改进产品的质量、提高产量及经济价值。中国自1975年杂交水稻研究成功之后，全国实行多点示范373公顷，1976年迅速扩大到13.9万公顷，杂交水稻的大面积推广，不仅大幅度提高了粮食产量，而且获得了巨大的经济收益。类似地，其

---

① 张培刚：《农业与工业化（上卷）：农业国工业问题的初探》，中国人民大学出版社2014年版。

② 杭帆、郭剑雄：《人口转型、技术进步与中国农业的可持续增长》，《西北农林科技大学学报（社会科学版）》2016年第1期。

他生物特性的改进，因其抗洪性、抗虫性、抗旱性等特点在突破传统农业瓶颈上提供了可靠动力。

三、农民所得到的能力在实现农业现代化中是头等重要的

舒尔茨（1999）认为对人力资本的投资是农业经济增长的主要源泉，农业经济增长缓慢的原因并不在于传统农业生产要素的配置效率低下，而是因为其边际收益率低，不能保证追加投资和储蓄。在这种情况下，经济增长的关键在于获得并使用现代的生产要素，这必须依靠对农民进行特殊的投资，以使他们获得必要的新技能和新知识，从而成功地实现农业经济的增长。对人力资本的投资主要有教育、在职培训以及提高健康水平三种途径。通过教育和在职培训能提高劳动者获取农业知识及运用先进生产工具的能力，提高健康水平则有利于增加劳动者劳动年限。研究表明，20 世纪 50 年代美国农业产量的迅速增加和农业生产率提高的主要原因是劳动者知识和技术水平的提高，而不再是土地、人口数量和资本存量等传统要素的作用。在中国，中、东、西部地区农业经济增长的差异在很大程度上是人力资本差异的体现，这都表明人力资本成为经济增长的发动力，其在农业生产过程中的决定性作用。

第三节　估计策略、方法与数据

一、估计策略与方法选取

本章先设定一个简单的面板模型，考察机械水平、生产水平和人力资本对农业绿色发展指数的影响程度，得到模型（6-1）：

$$ETE_{i,t}=\beta_1 Mech_{i,t}+\beta_2 \cdot Prod_{i,t}+\beta_3 \cdot Huma_{i,t}+\alpha_i \cdot X_{i,t}+\gamma_i+\delta_t+\varepsilon_{i,t} \quad （6-1）$$

式中，$ETE_{i,t}$ 为样本 i 在时期 t 的农业绿色发展指数，$Mech_{i,t}$ 为机械化水平，$Prod_{i,t}$ 为生产水平，$Huma_{i,t}$ 为人力资本，$X_{i,t}$ 为哑变量，γ_i 为不随时间变化的固定效应，δ_t 为不随个体变化的固定效应，$\varepsilon_{i,t}$ 为随机没有考虑在模型中的随机扰动项。β_1 测度机械化水平对绿色发展指数的影响，β_2 测度生产水平对绿色发展指数的影响，β_3 测度人力资本对绿色发展指数的影响，若 β_3 显著为正，说明关键变量的增加有利于农业绿色发展的提升。

影响农业绿色发展的因素很多，现有的经验研究主要是通过一定的先验性假设，以数据进行验证，因而大多采用简化模型而非结构化模型的分析方法。研究文献大多根据自身研究主题需要和数据可得性，引入相应的控制变量。本书研究的重点在于考察影响农业绿色发展的因素。由于中国国土面积大，南北方气候差异明显，东西方海拔差异巨大，导致农作物生产呈现显著的地域特征，因此本书引入区域因素的虚拟变量，及虚拟变量与关键变量的交互项，用来捕捉不同区域的差异程度。得到非饱和模型（6-2）：

$$ETE_{i,t}=\beta_1 Mech_{i,t}\cdot K+\beta_2 Prod_{i,t}\cdot K+\beta_3\cdot Huma_{i,t}\cdot K+\alpha_i\cdot X_{i,t}+\gamma_i+\delta_t+\varepsilon_{i,t}$$

$$(6-2)$$

在非饱和模型（6-2）中，K 为引入的虚拟变量，包含是否为小麦主产区，是否为水稻主产区，是否为棉花主产区。模型（6-1）使用全样本估计，模型（6-2）主要探究不同区域的差异程度。为对模型进行估计，本书构建如下变量：

（一）被解释变量

农业绿色发展指数一直是争论的热点之一，如何计算和衡量在学术界众说纷纭，但这并不是本书研究的重点，本书使用数据包络分析方向性距离函数方法来刻画各地区农业绿色发展指数，其理由和优点在前面章节已有详细说明，不再赘述。

（二）机械化水平变量（Mech）

在文献中，常用体现机械化水平的变量为机械总动力，但机械总动力变量在计算农业绿色发展指数中已经作为投入变量使用，因此不管是机械化总动力还是其代理变量都可能与农业绿色发展指数存在内生性。根据数据包络分析方向距离函数的计算方法，保持其他因素不变情况下，机械总动力提高时，农业绿色发展指数降低，这并不符合现实生产中机械动化水平增加时，农业生产率提高的状态。因此本书使用单位播种面积的机械总动力作为机械化水平，刻画区域农业机械化水平。

（三）生产水平变量（Prod）

根据速水佑次郎和弗农·拉坦（2014）在《农业发展：国际前景》中对于农业生产水平的描述，农业生物技术的转移与扩散在很大程度上提高了农业生产的发展，但问题在于，像杂交种子这样的生化技术进步在中国的推广极速度极快，在短短几年内就风靡全国，却难以在生产技术上体现个体差异性。[1]因此在研究"中国农业问题"时，能体现生产水平差异可能在于农业灌溉和农业化学技术的进步，灌溉在很大程度上改善了由于旱灾给农业生产带来的影响；农业化学技术的进步能大大提高农作物产量，同时会造成不同程度的农业面源污染。本书在衡量生产水平时，使用有效灌溉面积占总灌溉面积的比重衡量灌溉水平，同时，衡量农业化学技术的进步使用单位播种

---

[1]　[日]速水佑次郎、[美]弗农·拉坦：《农业发展：国际前景》，吴伟东、翟正惠译，商务印书馆出版社2004年版。

面积中塑料薄膜使用量和单位播种面积的化肥使用量，三者共同构成生产水平变量。

（四）人力资本变量（Huma）

舒尔茨（1999）在《改造传统农业》一书中将人力资本归结于农业劳动力的健康水平、职业化水平和教育程度三个方面。[①]鉴于健康水平和职业化水平变量难以获取，本书使用农业劳动力受教育水平来衡量人力资本；受教育程度以每百人中中专及以上教育程度人数所占比例来衡量。

（五）其他控制变量

在控制变量的选取上，依据农业生产的特点及其他文献控制变量选取的方法，本书选取第一产业占国内生产总值比重和农业占农林牧渔业生产总值的比重作为农业产业结构变量，复耕次数作为农业耕作制度变量，受灾害程度作为不可抗力因素等。相关变量来源于《中国统计年鉴》《中国农村统计年鉴》、中经网统计数据库、国研网统计数据库、Wind 宏观数据库等。缺失数据通过插值法补全。

二、估计方法的选取

根据以上分析，本书可以对关键变量对农业绿色发展指数的影响进行量化考察。对于模型（6-1）和模型（6-2），参数估计依然是计量经济学的主流，因为它比较有效率，而且易于操作，但是其缺点也很明显，即模型设定所做的假定较强，可能导致较大的设定误差。例如，如果真实总体并非正态分布，甚至较远的偏离正态分布，则正态

---

① ［美］西奥多·舒尔茨：《改造传统农业》，梁小民译，商务印书馆出版社 2006 年版。

分布前提下所做的统计推断可能有较大偏差。换言之，由于参数估计法对模型的设定依赖性较强，故可能不够稳健。[①] 为得到更加稳健的估计，本书选取了一般不对模型做任何假定的"非参数估计方法"，但其缺点是要求样本容量较大，而且估计收敛到真实值的速度也比较慢。鉴于以上原因，本书考虑一种折中的办法，使用同时含有参数部分和非参数部分的"半参数方法"对模型进行估计，这样既降低了对样本容量的要求，又具有一定的稳健性。因此在模型（6-1）的基础上进行改进，具体设定如公式（6-3）所示：

$$ETE_{i,t}=\beta_1(z) \cdot Mech_{i,t}+\beta_2(z) \cdot Prod_{i,t}+\beta_3(z) \cdot Huma_{i,t}+\alpha_i \cdot X_{i,t}+\varepsilon_{i,t}$$

$$（6-3）$$

式中，$\beta(z)$ 表示估计系数随着 z 的变化而变化。为了简便，本书选择时间作为变系数的自变量，即 $z_i=(t-1998)/(2020-1998)$，t 表示1998—2020 年的具体年份。

半参数估计法的实质是局部多元线性回归，具体而言，本书采用变系数模型核估计方法，[②] 影响系数估计量为式（6-4）：

$$\beta(z_t) = [\sum XX' \times K\left[\frac{z_t-z}{h}\right]]^{-1} \sum XY \times K\left[\frac{z_t-z}{h}\right] \qquad （6-4）$$

式中，X 表示解释变量的向量，Y 表示被解释变量的向量，K 表示核函数，h 表示与 z 相关的平滑参数，通常称为窗宽。为了简便，本书采用常用的高斯核函数即式（6-5）：

$$h(u) = \frac{1}{\sqrt{2\pi}}\exp\left(-\frac{1}{2}u^2\right) \qquad （6-5）$$

---

① 傅晓霞、吴利学：《中国能源效率及其决定机制的变化——基于变系数模型的影响因素分析》，《管理世界》2010 年第 9 期。

同时，本书将半参数估计方法得到的结果与固定效应的托宾模型结果进行比较。在托宾模型中，在托宾模型中将样本划分为1998—2000年（"九五"）、2001—2005年（"十五"）、2006—2010年（"十一五"）、2011—2015年（"十二五"）、2016—2020年（"十三五"）四个时间段，进行分阶段回归，考察在不同时期关键变量对农业绿色发展的影响程度。数据基础统计量如表6-1所示。

表 6-1　中国农业发展指标基础变量统计表

指标	单位	观测值	均值	标准差	最小值	最大值
农业绿色发展指数		690	0.78	0.20	0.53	1
单位耕地面积机械动力	万千瓦	690	2510.7	3201.9	96.5	13447.5
有效灌溉面积占比	千公顷	690	1943.2	1587	119	5342.1
单位播种面积的劳动力	万人/千公顷	690	0.1	0.1	0.06	0.3
中专及以上劳动人口比例	%	690	4.9	4.2	0.4	28.5
第一产业占 GDP 比重	%	690	0.11	0.12	0.01	0.357
农业占农林牧渔业比重	%	690	47.8	9.2	34.3	80.2
耕作制度	季/年	690	1.26	0.37	0.68	2.28
受灾面积比例	%	690	0.22	0.16	0	0.81
农村食品占消费总支出比例	%	690	44.4	8.28	27.3	70.23
城镇消费与全社会消费比	1	690	1.7	0.5	1.1	2.9

注：数据来源于《中国农村统计年鉴》1999—2021年，根据 Stata 软件统计得到；有效灌溉面积在2002年开始统计，缺失数据使用插值法补全；西藏自治区中专以上劳动人口比例为0.35；海南省耕作制度为平均每年2.28季。

第四节　中国农业绿色发展影响因素分析

一、基于线性模型的粗略估计

本书首先基于模型（6-1），采用固定效应的托宾模型估计各变量对农业绿色发展指数的影响，结果见表6-2第（1）列，然后根据时间划分，进行分样本估计，结果见表6-2第（2）至（5）列。所有回归模型中都增加了控制变量，因年份选取始于1998年，所以"九五"时期包含3年数据，其余分样本回归中均包含5年数据。

为对结果更加合理透彻的理解，此处有必要对农业绿色发展指数进行定性分析，以方向距离函数测算得到的效率指标综合了投入、期望产出和非期望产出，在保持产出不变的情况下，任何利于减少投入的因素本书称之为促增因素，即有利于促进农业绿色发展；在保持投入不变的情况下，任何有利于增加期望产出或减少非期望产出的因素，本书也称之为促增因素；与上述两种情况相反的因素，本书称之为促减因素。以化肥为例，化肥的使用有利于提高单产，为促增因素，但使用的同时也会造成农业面源污染，为促减因素，若促增大于促减，则表现为农业绿色发展指数升高，反之则降低。

结合以上说明，纵向观察全样本估计的结果，机械水平、农用薄膜、灌溉水平均与农业绿色发展指数表现出了显著的负相关，说明就总体而言，这三类因素的促减因素占据上风，造成农业面源污染的效果大于农业产出增长的效果。原因在于机械的使用（包含机电灌溉）耗费了大量的能源，而农用薄膜的使用造成土壤板结，给环境带来了较大的负面影响。同样，肥料使用系数为负但不显著。人力资本的提升显著地提高了农业绿色效率水平，原因在于农业从业人员受教育水平的提升，能很好地促进农业生产技术的接收和传播，高素质的劳动者也会产生管理溢出效应，有利于农业的绿色发展。

横向比较，能够得到各因素在不同时期对于农业绿色发展指数的影响程度。可以明显看出，各个指标在不同时期的表现均不相同，以肥料使用为例，"九五"和"十五"时期肥料的使用均大大提高了农业绿色生产效率，但在"十五"以后，促减因素作用明显，说明化肥的使用带来的污染已经超过了对产出的改善。同样，机械水平、塑料薄膜、灌溉水平和人力资本也表现出了相同的特征。这也证明，变系数半参数估计方法的使用极为必要。

表6-2 全样本与分样本估计

指标	全样本	"九五"	"十五"	"十一五"	"十二五"	"十三五"
机械水平	−0.079***	−0.124	−0.148**	−0.122*	−0.011	−0.155**
	(0.022)	(0.056)	(0.036)	(0.050)	(0.018)	(0.034)
农用薄膜	−0.002***	−0.007*	−0.002	−0.002**	−0.001	−0.001
	(0.000)	(0.002)	(0.001)	(0.001)	(0.001)	(0.001)
灌溉水平	−0.089***	0.004	−0.092	−0.123	−0.064	−0.032
	(0.023)	(0.049)	(0.060)	(0.067)	(0.044)	(0.050)
化肥使用	−0.314	0.909	1.864*	−0.197	−1.870*	−1.542*
	(0.434)	(0.802)	(0.785)	(0.269)	(0.705)	(0.685)
人力资本	0.002**	0.008	0.003	0.002	0.003*	0.003*
	(0.001)	(0.008)	(0.007)	(0.003)	(0.001)	(0.001)
控制变量	Yes	Yes	Yes	Yes	Yes	
观测值	690	90	150	150	150	150
年份	23	3	5	5	5	5

注：*、**、*** 分别表示显著性水平为10%、5% 和1%；根据 Stata 软件计算得到。

二、基于变系数半参数估计结果

诚然，以上的回归模型提供了机械水平、生产水平和人力资本对于农业绿色发展的影响程度，但是作为一个线性模型，模型（6-1）和模型（6-2）只能反映各变量对农业绿色发展指数在全样本或分样本期间的平均影响程度，因为模型默认了回归系数是解释变量的线性函数，其结果是在所有样本均值条件下得到的，也只有在均值意义上才有明确的理论含义。如线性模型粗略估计的结果所示，各关键因素对于绿色发展指数的影响可能是非线性关系，至少是随着经济社会发展的变化而变化，因此本书给出了变系数半参数方法估计的结果如图 6-1 所示。

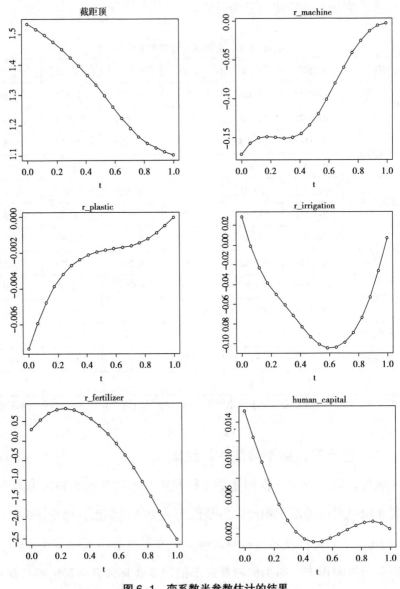

图 6-1　变系数半参数估计的结果

注：根据 R 软件作图得到。

图 6-1 横坐标为时间趋势，通过 $z_i=(t-1998)/(2020-1998)$ 得到，纵坐标表示关键变量系数的变化情况。显然，变系数模型得到的结果比单纯的多元线性回归模型得到的结果更加丰富。具体而言有以下几点结论。第一，机械水平作用不断提高。在样本期间内，机械水平的系数始终为负，说明机械使用耗费的能源带来的促减因素大于促增因素，但是随着时间推移，机械水平对农业绿色发展的促进作用将更加明显，而这也是"机械化"农业和现代农业的发展方向。第二，技术水平各因素表现差异巨大。塑料薄膜的使用和机械化水平表现出相同的特征，一方面，是因为塑料薄膜的回收率有所提高，避免了土壤进一步恶化；另一方面，是因为塑料薄膜的大面积使用为农业增产增收创造了有利条件。灌溉水平的系数呈现出"U"形特征，2006 年左右到达最低点，然后逐年上升，也充分说明机电灌溉的大面积使用降低了天气变化给农业生产带来的负面影响，而且随着技术发展，"滴灌"等节水灌溉的设施使用会成为现代农业生产的主流。肥料的使用系数逐渐减小，说明农用化肥使用的促增因素减弱，而促减因素逐渐明显。在人力资本系数变化情况中可以发现，无论哪一时期，人力资本的提升都为农业绿色发展创造有利条件，虽然在 2004 年之前，其正向作用逐渐下降，但在 2007 年之后，人力资本的重要性又逐渐提升，在今后的农业绿色发展过程中，高素质的管理人才作用将会更加明显，这也是欧美农业现代化发展给我们带来的启示之一。

结合中国农业的发展状况，我们不难发现上述的这些变化实际上与不同时期的经济现实高度关联。第一，2004 年是各指标变化的拐点。自 2004 年"三农"政策的提出，国家以"努力实现粮食稳定增产、农民持续增收"为政策导向，为农业的增长提供了政策保障。第二，系数指标与预测方向不一致，但变化趋势与预测相同，以机械水平为例，随着促增因素的逐渐提高，其对农业绿色发展指数的影响逐渐变为正。

三、异质性分析

为继续探讨不同区域的绿色发展动力机制，根据本书前面对于农业作物主产区的划分，对样本剔除部分数据之后，使用变系数非参数估计方法进行重新估计，如图6-2、图6-3和图6-4所示。可以发现，首先，人力资本始终都是促进农业绿色发展的重要因素。随着农业现代化进程的不断推进，农业生产合作社、规模种植、家庭农场等成为一种趋势，这就需要农业生产者具有更高的素质来参与生产和管理。其次，机械水平的提高将会显著改善现有的农业绿色生产效率。虽然在不同粮食主产区机械水平的系数为负值，但是其表现出的趋势预示着机械水平的提高将会是农业绿色发展不可或缺的促增因素。最后，根据农作物的差异，其他关键变量的表现情况各有不同。如水稻种植区域对于化肥的使用较为敏感，大量的化肥投入将会产生更多的面源污染，而在小麦和棉花种植区域，化肥系数均为倒"U"形曲线，而且均为正，说明化肥的施用极大地提高了小麦和棉花的产量，但是随着时间的推移，过量使用带来的促减因素将会逐渐明显。

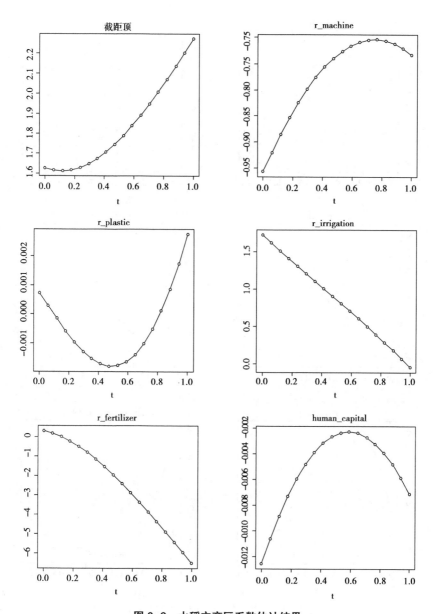

图6-2 水稻主产区系数估计结果

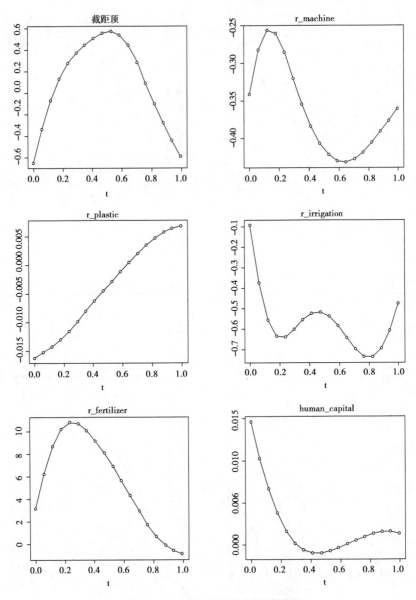

图6-3　小麦主产区系数估计的结果

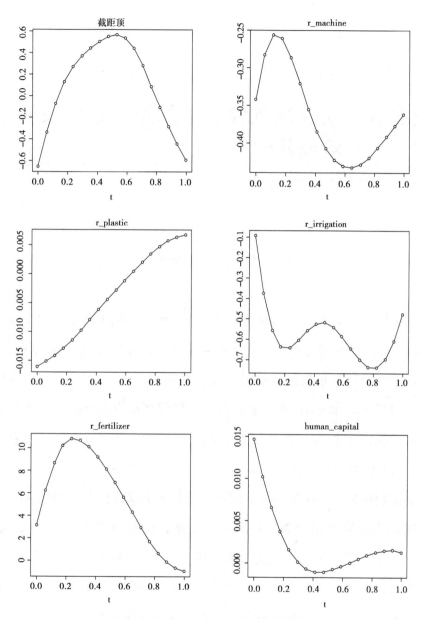

图6-4 棉花主产区系数估计的结果

第七章　农业绿色发展下的用水效率及成本效应分析

第一节　问题的提出

中国用水效率低下已成为一种共识，随着中国生产生活用水量的激增，解决用水难题一直是政府和学界关注的问题。据统计数据可知，中国的水资源总量仅占世界水资源总量的 6%，人均水资源占有量仅达到世界平均水平的 1/4，水资源短缺已经严重影响到农业生产及其发展。据调查数据，中国农业用水量大约为 3600 亿立方米，而农业生产所需的灌溉面积达到 9.05 亿亩，用水缺口超过了 300 多亿立方米；水利部数据显示，在第一次全国水利普查水土保持公告（2011 年）中中国水土流失面积为 294.91 万平方千米，而在 2017 年调查的 74.63 万平方千米面积中，水土流失面积更是高达 30.04 万平方千米。[①] 中国的水资源短缺和水土流失的问题已经到了不容忽视的地步，种种数据都表明农业自然资源的约束已经难以支撑传统农业生产方式的持续存在。

---

① 《2017 年中国水土保持公报》，中华人民共和国水利部 2017 年版，第 1 页。

面对水资源短缺的问题，中国政府一直尝试调整政策，改变水资源利用策略。20世纪50年代，中国农业生产百废待兴，基础设施落后。这个阶段政府一直采用"以需定供"的方法来管制用水量的供给，同时希望通过兴修水利设施，改变中国农业落后的生产生活状况。随着经济社会发展和人口增长，人们对农产品的需求也在不断提高，农业水资源需求量激增，而水资源开发的边际成本逐渐增大，政府的水资源管理策略也随之逐渐调整，开始采用"以供定需"的策略来替代"以需定供"的水资源管理政策。政府希望能够通过"以供定需"的政策有效地管理和控制水需求以应对水资源短缺的问题，从而促进水资源的可持续利用。除政策调整以外，在管理农业用水方面，政府部门也采取了一系列措施，如水价改革、定额管理、节水技术的推广等，以此来提高农业用水效率。近年来，为进一步加强水资源管理，提高水资源利用效率，中国政府又开展了节水型社会建设试点工作，包含农业生产用水等各个部门，试图通过这种渐进式改革方式和政策推广形式将农业用水管理纳入整个社会用水管理的范畴之下。在节水型社会建设开展之后，于2002年3月将甘肃省张掖市确定为全国首个节水型社会试点地区，随后在天津、北京等地开展节水型社会试点的推广。2007年5月，为推进农业水价改革和农业用水的水权制度能够有效地进行定额管理，又在黑龙江、吉林、山西等8个地区设立了全国首批农业水价改革试点地，中国农业用水政策改革由此拉开了序幕。

大量的研究集中在农业用水定价上。西方经济学中的价格理论、供给法则、机会成本和边际效应等都是农业用水定价的理论依据，其中，基于边际效应的边际成本定价方法被广泛应用。我国于20世纪

90 年代初开始研究水资源定价问题，在承受能力、行为选择与农户灌溉成本收益方面展开了大量且具体的研究，王克强等（2007）从供求关系出发探讨水资源市场的价格问题；[①] 李智和张慧芳（2011）则从作物水分函数出发，探讨了农户对于农业用水的承受极限和价格问题，分析了河北省冬小麦在不同灌溉用水区间的小麦承受极限水价；[②] 易福金等（2019）通过构建局部均衡模型，分析计量水价、定额管理和按亩收费的水价政策对于农业生产的影响，认为水资源的节约虽然使农业部门的整体福利下降，但是不会给农业生产者带来任何生产利润的损失。另外，菲克（2015）等对不同水价政策作出了具体的分析，但其大部分实证研究并未考虑到农业污染因素的影响。[③] 事实上，一方面，单独考虑农业用水价格问题可能会忽略农业面源污染可能带来的成本增加效应；另一方面，仅对于微观单元的分析忽略了社会总体农业用水成本。因此，有必要在绿色发展分析框架内探讨农业用水的成本效应，找到农业节水的宏观因素。

《国家农业节水纲要（2012—2020）》的颁布旨在解决我国农业用水紧缺的问题。事实上，农业用水效率不高、水资源污染和浪费严重以及我国与发达国家农业用水水平差距太大等一系列问题是导致矛盾产生的根本原因，而如何提高农业用水效率正是化解这一矛盾的关键所在。因此，本章在环境污染视角下探讨中国农业用水的约束问题，

---

① 王克强、刘红梅、黄智俊：《我国灌溉水价格形成机制的问题及对策》，《经济问题》2007 年第 1 期。

② 李智、张慧芳：《理论极限灌溉水价探讨》，《水利经济》2011 年第 2 期。

③ Feike Til , Mamitimin Y., Lin L. et al., "Development of Agricultural Land and Water Use and its Driving Forces along the Aksu and Tarim River, PR China", *Environmental Earth Sciences*, Vol.73, No.2,(2015), pp.517–531.

以期在绿色发展的视角下研究农业水资源的成本效应。在本章中，首先对农业用水效率和成本的影响因素进行了梳理，然后通过运用非参数数据包络分析方向性距离函数的方法构建农业生产的前沿面，对比分析水资源约束是否对农业绿色生产效率有显著影响。其次，引入数据包络分析分解方法构建农业用水成本效应模型，分析提升农业用水效率和降低农业用水成本的途径。

第二节　农业用水效率及成本的影响因素梳理

一、农业水资源效率测度及评价大多基于非参数方法

水资源效率的评价指标可以分为单要素水资源效率和全要素水资源效率。其中单要素水资源效率使用水资源消耗系数间接表示，如万元国内生产总值用水量、亩均用水量等，与其他单要素生产率类似，水资源单要素生产率不能涵盖其他影响因素的共同作用，并且忽略了水资源与其他要素的替代作用，因此水资源单要素生产率的使用虽然简便，但实际意义不大。而全要素水资源效率的测度则弥补了这一不足，因其在单要素生产率的基础上兼顾了其他要素的共同作用，因此更具有实际经济含义。在全要素水资源生产率测算的框架内，农业用水效率主要有两种不同的测度方法，随机前沿和数据包络分析法，随机前沿的测算方法比较简便且易于操作，因此应用非常广泛。许朗和黄莺（2012）采用随机前沿方法测算了我国农业用水效率。[1] 与随机前沿方法相比较，数据包络分析法则不需要提前设定模型的基本形

① 许朗、黄莺：《农业灌溉用水效率及其影响因素分析——基于安徽省蒙城县的实地调查》，《资源科学》2012 年第 1 期。

式，可以避免因模型假定错误而带来的偏差，在实际应用中也极为广泛，特别是在效率测度上具有明显优势，目前被广泛应用在水资源效率测算上（刘渝和王岌，2012）。如刘渝和王岌（2012）运用数据包络分析方法测算了中国 29 个省（自治区、直辖市）在 1999—2006 年的水资源利用效率。①

二、农业用水效率的影响因素探讨忽略了农业面源污染的约束

大量的研究结果揭示了我国农业水资源效率低下的现状，这是由自然、地区、环境等因素共同作用的结果。卡涅科（Kaneko，2004）利用样本选择托宾模型实证研究，发现对农业用水效率产生影响的因素主要包括气候、土壤等自然条件以及农田水利基础设施等。② 刘渝等（2007）运用经济学的分析方法，对影响农业水资源利用效率的技术、制度、管理等相关因素进行了理论探讨，并考察了影响农业水资源利用效率的灌溉节水技术、水权制度、水价制度等主要因素。③ 王学渊和赵连阁（2008）从农业生产布局、农田水利设施、自然条件、水资源禀赋和供水来源方面，采用托宾实证模型考察我国农业水资源效率的影响因素，得到农业生产布局是影响农业水资源效率的主要变量。④ 许新宜（2010）的研究表明农业水资源效率随

① 刘渝、王岌：《农业水资源利用效率分析——全要素水资源调整目标比率的应用》，《华中农业大学学报（社会科学版）》2012 年第 6 期。

② S. Kaneko , "Water Efficiency of Agricultural Production in China: Regional Comparison from 1999 to 2002" , *International Journal of Agricultural Resources, Governance and Ecology* , Vol.3(4), 2005, pp.231–251.

③ 刘渝、杜江、张俊飚：《湖北省农业水资源利用效率评价》，《中国人口·资源与环境》2007 年第 6 期。

④ 王学渊、赵连阁：《中国农业用水效率及影响因素——基于 1997—2006 年省区面板数据的 SFA 分析》，《农业经济问题》2008 年第 3 期。

着农业水资源亏缺度和节水灌溉面积的增加而增加，随着灌溉水量的增加而减少。[①]许朗等（2012）实证考察了安徽省蒙城县农业灌溉用水效率的影响因素，得到农户种植经验的提高、农业的规模化生产、农户节水意识的增强等均对提高灌溉用水效率产生积极影响的结论。[②]王克强等（2015）利用2007年区域间投入产出表相关数据模拟分析了农业用水效率政策和水资源税政策对国民经济的影响，模拟结果表明，农业用水效率的提升可以节约各区域的生产用水量，并且有利于经济增长，对农业部门征收水资源税的政策也可以节约各区域的生产用水量，但是不利于经济增长，因此从节约生产用水量与促进经济增长的角度来看，与水资源税政策相比，农业用水效率政策的效果更好。[③]

农业用水成本影响因素探讨尚未展开系统的研究。大量的分析研究通过模拟不同水价政策情况下的农业部门的生产状态，如易福金等（2019）以洱海流域作为研究对象，在局部均衡模型的框架内分析了计量水价、定额管理和按亩收费三种农业用水政策下的情形，其分析结果表明播种面积和灌溉强度的变化能够间接影响农业部门的福利。[④]但针对于农业用水成本的大部分研究似乎均默认将现有政策下的用水价格为基准，并未考虑全社会农业用水成本的宏观影响因素。只有少

---

①　许新宜、刘海军、王红瑞等：《去区域气候变异的农业水资源利用效率研究》，《中国水利》2010年第21期。

②　许朗、黄莺：《农业灌溉用水效率及其影响因素分析——基于安徽省蒙城县的实地调查》，《资源科学》2012年第1期。

③　王克强、邓光耀、刘红梅等：《基于多区域CGE模型的中国农业用水效率和水资源税政策模拟研究》，《财经研究》2015年第3期。

④　易福金、肖蓉、王金霞：《计量水价、定额管理还是按亩收费？——海河流域农业用水政策探究》，《中国农村观察》2019年第1期。

量的研究以农业用水的影子价格作为评判标准来展开研究，如张向达和朱帅（2018）以黑龙江 13 个地市为研究对象，考察了农业用水的影子价格。[①] 但针对农业用水的影子价格的研究似乎并不存在真正意义上的经济含义，因为农业用水影子价格的计算是水权交易的前提，从中国农业生产的实际情况来看，对农业用水影子价格的核算显得相对超前。

　　基于以上的梳理可以看出，一方面，虽然有大量专注于对农业用水效率和用水成本的研究，但现有的研究均未将农业面源污染的约束纳入考虑范围，这对于农业经济高质量发展缺乏实质上的指导意义；另一方面，现有的对于农业用水成本的探讨资料仅仅基于既定的用水政策和价格水平，缺乏对宏观层面的考察与研究。因此，本章为了弥补这两点不足，将环境因素纳入模型框架，并在宏观层面探讨农业水资源利用效率和农业用水成本效应。

第三节　分析框架与数据说明

一、方向性距离函数环境生产函数的构建

　　在农业环境方面，本书构建了关于方向性环境距离函数的模型，如方向向量可变，则根据不同的方向向量可以判断出不同地区的环境偏好程度，这意味着欠发达地区更加倾向于牺牲环境来换取经济利益的提高，而发达地区则更加愿意加大治理环境的力度。在操作上，为

[①]　张向达、朱帅：《基于技术效率及影子价格的农业灌溉弹性需水研究——以黑龙江省为例》，《地理科学》2018 年第 7 期。

了避免主观性的方向向量选取给模型的估计带来的偏误，因此沿用本书方法，设置环境规制强度更加严格的方向向量：$g_1=(g_y,-g_b)$，表示"好产出"在增加一单位时，"坏产出"减少一单位，则在 t 期技术条件下可以得到方向性距离函数如公式（7-1）所示：

$$\vec{D}_0^t\left(y_k^t,x_k^t,b_k^t;g_y,-g_b\right)=\max\beta$$

$$\text{s.t.}\begin{cases}\sum_{k=1}^{K}z_k^tx_{k,\,n}^t\leqslant x_n^t,n=1,2,\cdots,N,k=1,\cdots,K\\[2mm]\sum_{k=1}^{K}z_k^ty_{k,\,m}^t\geqslant\left(1+\beta\right)y_m^t,m=1,2,\cdots,M,k=1,\cdots,K\\[2mm]\sum_{k=1}^{K}z_k^tb_{k,\,j}^t=\left(1-\beta\right)b_j^t,j=1,2,\cdots,J,k=1,\cdots,K\end{cases}\quad(7\text{-}1)$$

设置选取的方向向量为 $g_1=(g_y,-g_b)$，法罗等（2007）根据龙伯格（Luenberger）短缺函数的思想构建出方向性环境产出距离函数如公式（7-2）所示：[1]

$$\vec{D}_0^t\left(y_k^t,x_k^t,b_k^t;g_y,-g_b\right)=\sup\left[\beta:(y_k^t+\beta g_y;b_k^t-\beta g_b)\in p^t\left(x_k^t\right)\right]\quad(7\text{-}2)$$

在该产出距离函数中，假设了人们对于"好产出"与"坏产出"扩展和缩减比例的一致性，β 为"好产出"扩展或"坏产出"缩减的比例。因此在 t 期的技术水平下，可以将生产函数表示为方向性距离的函数，为公式（7-3）：

$$F^t\left(y_k^t,x_k^t,b_k^t;g_y,-g_b\right)=\left(1+D^t\right)\times y_k^t\quad(7\text{-}3)$$

在公式（7-1）中，农业生产的投入为基本的农业生产要素投入，

---

① Färe R., Grosskopf S., Jr C. A. P., "Environmental Production Functions and Environmental Directional Distance Functions", *Energy*, Vol.32(7),2007,pp.1055-1066.Luenberger D. G., "Externalities and Benefits", *Journal of Mathematical Economics*, 1995, pp.159-177.

不考虑水资源的约束状况：若增加水资源的约束，则增加额外的约束

条件，即 $\sum_{k=1}^{K} z_k^t water_{k,n}^t \leqslant water_n^t$ 。[①]

二、农业水资源成本效应的分析框架

（一）方向向量——水资源子向量函数的构建

环境技术是衡量环境效率的基础，实质上，环境技术给出了生产前沿。法罗等（2017）采用传统的投入距离函数定义了环境生产技术，并对劳动投入变化进行了分解，[②]因此参照法罗的处理方法，在此基础上进行改进，定义农业水资源的子向量距离函数，采用投入导向的子向量来度量技术的无效率，本章将存在环境约束下的生产技术表示为公式（7-4）：[③]

$$D_i(w,x;y,b) = \sup\delta : \left(\frac{w}{\delta}x;y,b\right) \in P \qquad （7-4）$$

$D_i(w,x;y,b) > 1$ 表示第 i 个决策单元 DMU 的生产过程是无效率的，$D_i(w,x;y,b) = 1$ 表示第 i 个决策单元 DMU 的生产过程是有效率的。因此，在存在环境约束下农业用水的子向量距离函数可以通过求解线性规划

---

① 作者注，农业用水是农作物生长的必要条件，此处并不考虑农业水资源强约束的情况，因此并未对农业用水投入缩减：$\sum_{k=1}^{K} z_k^t x_{k,n}^t \leqslant \vartheta x_n^t, n = 1,2,\cdots,N, k = 1,\cdots,K$，使用弱约束更加符合农业生产的实际情况。

② 作者注，农业用水是农作物生长的必要条件，此处并不考虑农业水资源强约束的情况，因此并未对农业用水投入缩减：$\sum_{k=1}^{K} z_k^t x_{k,n}^t \leqslant \vartheta x_n^t, n = 1,2,\cdots,N, k = 1,\cdots,K$，使用弱约束更加符合农业生产的实际情况。

③ 作者注，在该表达式中，隐藏了极其严苛的假设条件：农业用水的变化对投入要素和产出指标不会影响，但实际上，农业水资源的使用与二者之间无法区分，为了研究的简便性，假设农业水资源的使用并不影响 x 和 y，因此可以表述为：$D_i(w,x;y,b) = \sup\delta : \left(\frac{w}{\delta}x;y,b\right) \in P$。

方程得到公式（7-5）：①

$$D_i\left(w_{i'}^t x_{i'}^t,; y_{i'}^t, b_{i'}^t\right) = \min\theta$$

$$\text{s.t.}\begin{cases} \sum_{i=1}^N z_i^t x_{i,k}^t \leqslant x_{i',k}^t, k=1,\cdots,K \\ \sum_{i=1}^N z_i^t w_i^t \leqslant \theta w_{i',l}^t \\ \sum_{i=1}^N z_i^t y_{i,m}^t \geqslant y_{i',m}^t, m=1,\cdots,M \\ \sum_{i=1}^N z_i^t b_{i,j}^t = b_{i',j}^t, j=1,\cdots,J \end{cases} \quad （7-5）$$

（二）环境约束下的农业水资源成本效应

1. 水资源的环境约束成本

为探讨农业水资源成本效应，根据式子向量距离函数 $D_i(w,x;y,b)$，从水资源的角度定义 t 时期环境成本公式（7-6）：

$$CE_i^t = \frac{w_i^t / D_i\left(x^t, w^t; y^t, b^t\right)}{w_i^t / D_i\left(x^t, w^t; y^t\right)} = \frac{D_i\left(x^t, w^t; y^t\right)}{D_i\left(x^t, w^t; y^t, b^t\right)} \quad （7-6）$$

类似地，可以得到 $t+1$ 时期的环境成本公式（7-7）：

$$CE_i^{t+1} = \frac{w_i^{t+1} / D_i\left(x^{t+1}, w^{t+1}; y^{t+1}, b^{t+1}\right)}{w_i^{t+1} / D_i\left(x^{t+1}, w^{t+1}; y^{t+1}\right)} = \frac{D_i\left(x^{t+1}, w^{t+1}; y^{t+1}\right)}{D_i\left(x^{t+1}, w^{t+1}; y^{t+1}, b^{t+1}\right)} \quad （7-7）$$

根据以上表达式，CE 为在存在环境约束与不存在环境约束条件下，实际的农业用水量比值。考虑跨期情况，若农业的环境约束加强，则意味着水资源的环境成本效应提高，即 $CE_i^{t+1} > CE_i^t$；反之则降低，

---

① 作者注，为了更加适合模型构建的需要和水资源约束成本的处理，因此在成本效应模型的构建中考察了农业用水的效率损失，该式建立在水资源的使用并不影响要素投入和产出的基础上，则可以在此处增加对水资源的强约束式子：$\sum_{i=1}^N z_i^t w_i^t \leqslant \theta w_{i,l}^t$，其中 L 为水资源投入的维度。

$CE_i^{t+1} < CE_i^t$。

结合上文阐述，定义农业水资源的环境成本，如公式（7-8）所示：

$$C_i^t = w_i / \left(D_i \left(x^t, w^t; y^t \right) - D_i \left(x^t, w^t; y^t, b^t \right) \right) \qquad (7-8)$$

环保视角下的农业水资源成本效应如公式（7-9）所示：

$$CE_t^{t+1} = \frac{CE_i^{t+1}}{CE_i^t} \qquad (7-9)$$

根据公式（7-9）进行分解可得公式（7-10）：

$$
\begin{aligned}
CE_t^{t+1} &= \frac{CE_i^{t+1}}{CE_i^t} \\
&= \frac{w_i^{t+1} / D_i \left(x^{t+1}, w^{t+1}; y^{t+1}, b^{t+1} \right) / w_i^{t+1} / D_i \left(x^{t+1}, w^{t+1}; y^{t+1} \right)}{w_i^t / D_i \left(x^t, w^t; y^t, b^t \right) / w_i^t / D_i \left(x^t, w^t; y^t \right)} \\
&= \frac{w_i^{t+1} / D_i \left(x^{t+1}, w^{t+1}; y^{t+1}, b^{t+1} \right) / w_i^{t+1} / D_i \left(x^t, w^t; y^t, b^t \right)}{w_i^{t+1} / D_i \left(x^{t+1}, w^{t+1}; y^{t+1} \right) / w_i^t / D_i \left(x^t, w^t; y^t \right)} \\
&= \frac{D_i \left(x^{t+1}, w^{t+1}; y^{t+1} \right) / D_i \left(x^t, w^t; y^t \right)}{D_i \left(x^{t+1}, w^{t+1}; y^{t+1}, b^{t+1} \right) / D_i \left(x^t, w^t; y^t, b^t \right)}
\end{aligned}
\qquad (7-10)
$$

从水资源约束角度，CE_i^{t+1} 为 t 期与 $t+1$ 期之间环境约束成本效应的比值，若 $CE_i^{t+1} > 1$，则环境约束的成本效应上升，农业用水成本提高；若 $CE_i^{t+1} < 1$，则环境约束的成本效应下降；若 $CE_i^{t+1} = 1$，则环境约束的成本效应不变。

2. 环境约束下农业水资源使用的跨期数据包络分析分解

根据法罗（2017）将污染治理的成本分解的方法，引入 t 时期和 $t+1$ 时期的农业实际用水量并作两者之比，定义为环境约束下农业用水成本效应如公式（7-11）所示：[1]

---

[1]　Färe R., Pasurka C., Vardanyan M., "On Endogenizing Direction Vectors in Parametric Directional Distance Function–Based Models", *European Journal of Operational Research*, 2017, pp.361–369.

$$\frac{w_i^{t+1} / D_i^{t+1}\left(x^{t+1}, w^{t+1}; y^{t+1}, b^{t+1}\right)}{w_i^t / D_i^t\left(x^t, w^t; y^t, b^t\right)}$$

$$= \frac{D_i^t\left(x^t, w^t; y^t, b^t\right) / w_i^t}{D_i^{t+1}\left(x^{t+1}, w^{t+1}; y^{t+1}, b^{t+1}\right) / w_i^{t+1}}$$

$$= \frac{D_i^t\left(x^t, w^t; y^t, b^t\right) / w_i^t}{D_i^{t+1}\left(x^t, w^t; y^t, b^t\right) / w_i^{t+1}} \times \frac{D_i^{t+1}\left(x^t, w^t; y^t, b^t\right)}{D_i^{t+1}\left(x^{t+1}, w^{t+1}; y^t, b^t\right)} \times \frac{D_i^{t+1}\left(x^{t+1}, w^{t+1}; y^t, b^t\right)}{D_i^{t+1}\left(x^{t+1}, w^{t+1}; y^{t+1}, b^{t+1}\right)}$$

$$= \frac{D_i^t\left(x^t, 1; y^t, b^t\right)}{D_i^{t+1}\left(x^t, 1; y^t, b^t\right)} \times \frac{D_i^{t+1}\left(x^t, w^t; y^t, b^t\right)}{D_i^{t+1}\left(x^{t+1}, w^{t+1}; y^t, b^t\right)} \times \frac{D_i^{t+1}\left(x^{t+1}, w^{t+1}; y^t, b^t\right)}{D_i^{t+1}\left(x^{t+1}, w^{t+1}; y^{t+1}, b^{t+1}\right)} = TC \times IC \times OC$$

$$(7-11)$$

式中，$TC = \dfrac{D_i^t\left(x^t, 1; y^t, b^t\right)}{D_i^{t+1}\left(x^t, 1; y^t, b^t\right)}$ 为技术变化；$IC = \dfrac{D_i^{t+1}\left(x^t, w^t; y^t, b^t\right)}{D_i^{t+1}\left(x^{t+1}, w^{t+1}; y^t, b^t\right)}$

为投入变化，不包含水资源的投入。$OC = \dfrac{D_i^{t+1}\left(x^{t+1}, w^{t+1}; y^t, b^t\right)}{D_i^{t+1}\left(x^{t+1}, w^{t+1}; y^{t+1}, b^{t+1}\right)}$ 为产

出变化，包含"好"产出和"坏"产出的变化。

为对农业用水变化的影响因素做更加细致的分解，需要分析农业生产中的投入产出要素。在农业生产中，劳动、资本和土地是基本的生产要素，但随着农业现代化进程的推进，机械化水平在农业生产中的角色越来越重要，因此本书在引入农业生产投入要素时，考虑了四类投入，劳动（$X1$）、资本（$X2$）、土地（$X3$）和机械动力（$X4$）；"好"产出主要为农林牧渔业总产值（Y）；"坏"产出为农业面源污染，主要包含总氮（TN）、总磷（TP）和化学需氧量（COD）。

根据以上描述，对农业用水成本效应的进一步分解为公式（7-12）：

$$w_t^{t+1} = \frac{w^{t+1}}{w^t}$$

$$= \frac{D_i^{t+1}(x^{t+1}, w^{t+1}; y^{t+1}, b^{t+1})}{D_i^t(x^t, w^t; y^t, b^t)} \times \frac{D_i^t(x^t, 1; y^t, b^t)}{D_i^{t+1}(x^t, 1; y^t, b^t)} \times \frac{D_i^{t+1}(X_1^t, X_2^t, X_3^t, X_4^t, w^{t+1}; Y^t, B^t)}{D_i^{t+1}(X_1^{t+1}, X_2^t, X_3^t, X_4^t, w^{t+1}; Y^t, B^t)}$$

$$\times \frac{D_i^{t+1}(X_1^{t+1}, X_2^t, X_3^t, X_4^t, w^{t+1}; Y^t, B^t)}{D_i^{t+1}(X_1^{t+1}, X_2^{t+1}, X_3^t, X_4^t, w^{t+1}; Y^t, B^t)} \times \frac{D_i^{t+1}(X_1^{t+1}, X_2^{t+1}, X_3^t, X_4^t, w^{t+1}; Y^t, B^t)}{D_i^{t+1}(X_1^{t+1}, X_2^{t+1}, X_3^{t+1}, X_4^t, w^{t+1}; Y^t, B^t)}$$

$$\times \frac{D_i^{t+1}(X_1^{t+1}, X_2^{t+1}, X_3^{t+1}, X_4^t, w^{t+1}; Y^t, B^t)}{D_i^{t+1}(X_1^{t+1}, X_2^{t+1}, X_3^{t+1}, X_4^{t+1}, w^{t+1}; Y^t, B^t)} \times \frac{D_i^{t+1}(X_1^{t+1}, X_2^{t+1}, X_3^{t+1}, X_4^{t+1}, w^{t+1}; Y^t, B^t)}{D_i^{t+1}(X_1^{t+1}, X_2^{t+1}, X_3^{t+1}, X_4^{t+1}, w^{t+1}; Y^{t+1}, B^t)}$$

$$\times \frac{D_i^{t+1}(X_1^{t+1}, X_2^{t+1}, X_3^{t+1}, X_4^{t+1}, w^{t+1}; Y^{t+1}, B^t)}{D_i^{t+1}(X_1^{t+1}, X_2^{t+1}, X_3^{t+1}, X_4^{t+1}, w^{t+1}; Y^{t+1}, B^{t+1})} \times \frac{Y^{t+1}}{Y^t}$$

$$= TE \times TC \times IC \times OC = TE \times TC \times IC_{x_1} \times IC_{x_2} \times IC_{x_3} \times IC_{x_4} \times OC \times OB \times SC$$

$$(7-12)$$

在该式子中，根据法罗（1998），当生产技术是规模报酬不变时，产出导向具有负一次齐次性。[①] 同理，对于投入导向的子投入导向的子向量具有正的一次齐次性，即 $\alpha D_i^t(x^t, w^t; y^t, b^t) = D_i^t(x^t, \alpha w^t; y^t, b^t) = D_i^t(\alpha^{-1} x^t, w^t; \alpha^{-1} y^t, \alpha^{-1} b^t)$，按照这样的思路可以得到公式（7-13）和公式（7-14）：

$$\alpha D_i^t(x^t, w^t; y^t, b^t) / w^t = D_i^t(x^t, 1; y^t, b^t) \qquad (7-13)$$

$$D_i^{t+1}(x_1^t, x_2^t, x_3^t, x_4^t, w^{t+1}; y^t, b^t) / Y^t$$
$$= D_i^{t+1}(x_1^t / Y^t, x_2^t / Y^t, x_3^t / Y^t, x_4^t / Y^t, w^{t+1}; y^t / Y^t, b^t / Y^t) \qquad (7-14)$$

因此，环境约束下的实际农业水资源使用变化可以分解为效率变化（TE）、技术变化（TC）、投入变化（IC）（IC_{x_1}、IC_{x_2}、IC_{x_3}、IC_{x_4}）、污染强度变化（OB）和产出规模变化（SC），效率变化（TE）和技术变化（TC）之积为农业全要素生产率（TFP）。

---

① Färe R., Grosskopf S., Roos P., "Malmquist Productivity Indexes: A Survey of Theory and Practice", *Index Numbers: Essays in Honour of Sten Malmquist*, 1998.

三、数据来源及处理

按照上述方法框架，首先，比较分析在无水资源约束与水资源约束状态下的农业环境技术效率。其次，根据数据包络分析分解方法构建农业用水成本效应分析模型，探讨农业用水效率提升和成本节约的途径。根据本书第五章给出的农业生产投入、产出及面源污染数据，构成 30 个省（自治区、直辖市）23 年的平衡面板。在生产要素投入中包含农业劳动投入、农业机械总动力投入、农业固定资产净值投入（使用永续盘存法计算得到）、农业土地投入。另外，在含有水资源约束的方法框架内包含农业水资源投入，好产出为农业增加值，以 1998 年为基准做价格平减；坏产出根据单元调查法计算农田化肥、农田固体废弃物、禽畜养殖和水产养殖的排放，得到三大农业面源污染数据。相关数据来源于《改革开放三十年汇编》《中国农村统计年鉴》，因数据处理与选取依据与前文相似，此处不再赘述。

第四节　实证结果与分析

前文重点分析了农业水污染的影响途径和经济社会成本，但水资源约束对农业生产效率是否存在影响以及如何实现降低农业用水成本实现节水农业呢？下文将根据数据包络分析方向距离函数和数据包络分析分解的方法框架，依照问题导向进行展开研究。

一、水资源约束对农业生产效率的影响

（一）水资源约束对农业生产效率是否存在显著影响

本书对比了在含有水资源约束和不含水资源约束的两种情况下的

农业环境技术效率，如图7-1所示，左右两图分别为农业环境技术效率和农业生产潜在产出的核密度函数图。核密度函数图是一种观察连续型变量分布的有效方法，横轴为观测指标值，纵轴为在该指标下数据出现的概率，同时为检验两组数据之间的差异程度，本书引入秩和检验比较两个独立样本之间的差异，通过检验，H1=1、P1=0，H2=1、P2=0，两组数据检验结果均拒绝原假设，因此，可以从统计上得出存在水资源约束与不存在水资源约束对于农业环境效率和农业潜在产出是有显著影响的。

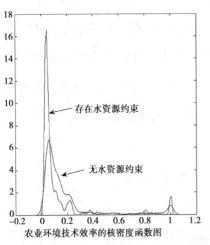 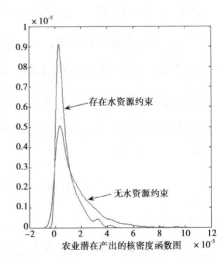

图7-1　核密度函数图（1）

（二）环境约束是否对水资源利用效率存在明显的影响

按照上文方法绘制出核密度函数图方法对比了存在农业环境约束和不存在农业环境约束的情形，如图7-2所示，同样，通过秩和检验两组数据之间的差异，H3=1，P3=0，统计上得到的农业是否考虑农业面源污染对于农业潜在产出存在显著的影响。

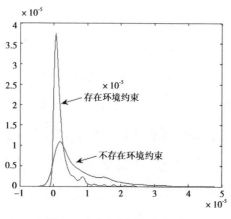

图7-2　核密度函数图（2）

（三）受到农业水资源的约束较强的省份

根据上文结论，可以看出农业环境污染和农业水资源约束均对农业环境技术效率和农业潜在产出存在显著的影响，但这种影响在各省份之间是否存在差异呢？为了研究这一问题，依据问题一中计算得到的数据，比较在添加农业水资源约束条件之后各省份之间的农业环境技术效率变化。首先按照农业环境技术效率指标对各省份进行排序，得到两组不同的排名，再根据排名变化的情况，将排名顺序上下浮动一位定义为基本无约束，将排名下降两位或以上定义为由好变坏，即表示其受到水资源约束较强，将排名上升两位或以上定义为由坏变好，表示其受到水资源约束较弱。通过整理得到表7-1，可以看出，北京、上海、天津、浙江、广东等11个地区的农业发展对于水资源约束并不敏感。在这其中，可以将这11个地区分为两类，一类是北京、上海、天津，这一类地区农业占比少，据统计2015年北京、上海、天津三地第一产业国内生产总值占比仅为6.1%、4.4%和12.6%，因此对于农业用水并不敏感；第二类地区为浙江、辽宁、江西等地，这一类地区为农业主产区，除农业灌溉用水之外，降雨充足，因此对于农业用水供给也不敏感。受到水资源约束较强的地区有福建、江苏、湖北、内蒙古等八个地区，同样可以将这八个地区分为两类，第一类为湖北、福建、江苏三地，虽然排名下降，但仅受到水资源弱约束，下降幅度不大，如湖北仅下降三位、福建仅下降两位；第二类为内蒙古、新疆黑龙江等两地，因降雨量少、农业发展的水资源依赖性较强，所以在增加约束之后反应明显。受到水资源弱约束的省（自治区、直辖市）有重庆、山东、河南、山西、陕西等11地。排序变化情况见表7-1、表7-2和表7-3。但无论怎样，地区之间受到气候等原因的影响，农业生产用水的成本并不一致。

表 7-1　受到水资源约束条件下农业绿色技术效率的变化

变化情况	省份	说明
基本不变	北京、上海、天津、浙江、广东、辽宁、河北、吉林、湖南、江西、甘肃	—
由好变坏	福建、江苏、湖北、内蒙古、黑龙江、青海、新疆、宁夏	受水资源约束强
由坏变好	重庆、山东、河南、山西、陕西、四川、安徽、贵州、云南、海南、广西	受水资源约束弱

注：根据数据包络分析方向距离函数计算并整理得到；根据排名变化，上升或下降一位定义为基本不变；上升两位以上定义为由坏变好，则受水资源约束较强下降；两位以上定义为由好变坏，则受水资源约束较弱。

表 7-2　无水资源约束的情形

省份	排序	省份	排序	省份	排序
上海	1	海南	11	湖南	21
北京	2	内蒙古	12	江西	22
天津	3	湖北	13	广西	23
浙江	4	黑龙江	14	新疆	24

省份	排序	省份	排序	省份	排序
广东	5	河北	15	安徽	25
福建	6	吉林	16	河南	26
江苏	7	青海	17	宁夏	27
辽宁	8	陕西	18	云南	28
山东	9	山西	19	甘肃	29
重庆	10	四川	20	贵州	30

表 7-3　存在水资源约束的情形

省份	排序	省份	排序	省份	排序
上海	1	海南	11	湖南	21
北京	2	内蒙古	12	江西	22
天津	3	湖北	13	广西	23
浙江	4	黑龙江	14	新疆	24
广东	5	河北	15	安徽	25
福建	6	吉林	16	河南	26
江苏	7	青海	17	宁夏	27
辽宁	8	陕西	18	云南	28
山东	9	山西	19	甘肃	29
重庆	10	四川	20	贵州	30

二、环境约束下农业用水成本效应及分解

（一）空间维度的静态比较

在图 7-3 中，本章计算了在环境约束条件下 30 个省份农业水资源的成本效应的均值，从整体而言，水资源使用的成本效应为 1.1122，意味着农业用水的成本依然在增加。这种压力一方面来源于经济增速的放缓，另一方面是 1978 年之后的家庭联产承包责任制的施行，虽然小规模的种植方式大大提高了农民的积极性，但长期的粗

放式生产方式带来了农业面源污染的加重。据不完全统计，2015 年全国的农业面源污染指标中，总氮为 851.25 万吨，总磷为 110.73 万吨，化学需氧排放为 1434.96 万吨，而这几项指标在 1998 年仅为 738.45 万吨、76.5 万吨和 1260.25 万吨。从空间上的比较可以看出，上海、北京、天津、河北、辽宁和黑龙江等地均处于平均水平以下，农业水资源使用的成本稍小，其原因在于上海、北京和天津三地农业所占比重不高；而河北、辽宁、黑龙江等地可能在规模化种植上走在前列，因此用水成本效应上稍低；但内蒙古、吉林、陕西、四川、青海等地用水成本逐渐提高，急需转变生产方式，实行农业节水经营。

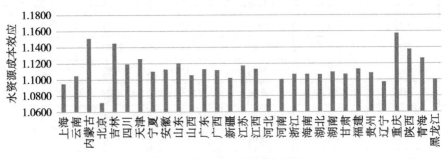

图 7-3　各地区水资源成本效应

（二）时间趋势的动态分析

ΔCE 从环境污染视角定义了农业水资源的成本效应，ΔCE 小于 1 时，认为维持现有的经济增长和环境污染水平，水资源使用的成本降低；反之，当 ΔCE 大于 1 时，水资源使用的成本增加。从总体上看来，农业水资源使用成本与图 7-2 具有相同的趋势，这也从侧面证明了实证研究的准确性。在研究的 1998—2020 年的时间范围内，大体上可以以 2013—2014 年为分水岭，分为两个部分：第一部分为 1998—2003 年，用水成本整体呈现下降的趋势；2004—2020 年，农业用水成本维持在较高的水平，其中 2004—2005 年、2006—2007 年、2010—2011 年、2014—2020 年几个年度用水成本维持在较高的水平。从模型分解的两个维度出发，一方面，粮食产量实现了 12 年增，对于农业要素投入的压力增大；另一方面，农业面源污染居高不下，造成了用水成本的持续增加。2003—2004 年党的十五届三中全会提出大力发展节水农业，导致 2003—2004 年农业用水量大幅下降，因此在 2003—2004 年数据显示农业用水成本效应为 0.96，很显然从长期来看，节水农业的政策实施的并不理想。

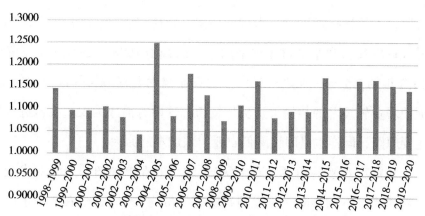

图 7-4　环境约束下农业水资源的成本效应（1998—2020）

注：根据 MATLAB 软件计算并整理得到。

（三）环境约束下的农业用水成本效应分解

依据公式（7-12）的分解方法，计算得到了详细的农业用水成本效应的分解指标如表 7-4 所示。

从全要素生产率的角度来看，技术效率（*TE*）的变化并未很好地改变农业用水成本效应增加的现象，而技术进步（*TC*）则与之相反，能有效地改善农业用水成本增加。在技术效率指标（*TE*）中，技术效率只在 1999—2000 年、2000—2001 年、2008—2009 年、2009—2010 年降低了农业用水成本，大部分年份的技术效率虽不算太大，但也对农业用水成本的改善无益；在技术进步（TC）指标中，所有年份均小于 1，表现出了明显的技术进步，而且降低了农业用水的成本。魏锴（2013）等将技术进步分为硬性技术进步和软性技术进步。[①] 硬性技术进步是指诸如农业机械、科研仪器、动植物种质资源和具有优良品种的实物载体的技术，仅就农业来看，全国农业机械化动力指标和柴油使用量指标分别由 1998 年的 43560 万千瓦时和 1314.39 万吨上升到 2015 年的 109290 万千瓦时和 2192.28 万吨，农业机械化程度提升明显；软性技术进步是指技术知识、管理技能、技术标准等，如农业人口的文盲和半文盲比率平均水平已经由 1998 年的 9.29% 下降到 2015 年的 5.58%，加之农村广播、农业技术电视节目等推广和使用，促使农业软技术的传播渠道更加畅通，这两方面成为农业技术进步的主要原因，同样也是间接降低农业用水成本的原因。

从产出水平的角度来看，OC 反映了农业增加值的变化对农业水资源使用成本的影响，研究期间所有年份均大于 1，则农业用水的实际需求量增加。事实上，OC 和 SC 指标较为相似，前者指在其他因素相同时，上期与当期产出（包含期望产出与非期望产出）在当期技术水平下的效率水平比值，后者是上期产出水平与当期产出水平之比（仅包含期望产出），因此在计算得到的结果中两个指标均大于 1 且接近。另外，农业水资源的使用与农业产出水平相辅相成，丰收的年份农业用水量也相对较高，但是这也说明我国在保证粮食产量的同时实

---

① 魏锴、杨礼胜、张昭：《对我国农业技术引进问题的政策思考——兼论农业技术进步的路径选择》，《农业经济问题》2013 年第 4 期。

现农业节水发展也是农业绿色发展的目标之一。

从污染效应来看，研究期间的大部分年份均大于或等于 1，且波动不明显。污染强度的增加会提高农业用水成本的增加，法罗将此作为污染治理的机会成本，意味着若从控制农业面源污染的角度看，农业水资源的使用成本将会随着产量的提高逐渐增加。研究表明，城乡二元经济结构、治理成本高昂和农户生产行为等都是造成农业面源污染的主要原因（饶静等，2011），[①] 且其具有污染分散、隐蔽且不易监测等特点，虽然现在重视程度逐渐提升，但因造成农业面源污染的主要源头——农药和化肥等也是提升农作物产量的重要生产资料，而且并不能像工业点源污染一样进行防治。从社会福利的角度来看，面源污染的加长冲抵了水资源使用带来的正的效应，因此合理用水、控制污染才是促进农业经济绿色发展的有效途径。

从规模效应的角度来看，所有年份的 SC 指标均大于 1，增长幅度明显且增速维持在 12.3% 左右，农业产出的增长对于水资源成本的效应较为明显，且二者呈现出高度相关的趋势，从另一角度也可以看出，农业水资源的使用在农业经济增长中的重要地位。因此，在目前经济高质量发展和农业供给侧结构性改革的攻坚克难时期，进一步稳增长、转方式，促进改革成效显得尤为重要。

表 7-4　农业水资源成本效应的分解（1998—2020）

年份	ΔCE	TE	TC	IC	OC	OB	SC
1998—1999	1.1458	1.0709	0.9041	1	1.0780	1.0109	1.0780
1999—2000	1.0968	0.9520	0.9494	1	1.0860	1.0188	1.0860

---

① 饶静、许翔宇等：《我国农业面源污染现状、发生机制和对策研究》，《农业经济问题》2011 年第 8 期。

续表

年份	$\triangle CE$	TE	TC	IC	OC	OB	SC
2000—2001	1.0958	0.9937	0.9225	1	1.0890	1.0016	1.0890
2001—2002	1.1052	1.1327	0.8301	1	1.0920	0.9740	1.0920
2002—2003	1.0806	1.1456	0.8316	1	1.0970	0.9569	1.0970
2003—2004	0.9593	1.0544	0.9033	1	1.1120	1.0000	1.1120
2004—2005	1.2482	1.0897	0.9768	1	1.1210	1.0000	1.1210
2005—2006	1.0833	1.0099	0.8124	1	1.1210	1.0000	1.1210
2006—2007	1.1792	1.0570	0.8372	1	1.1460	1.0000	1.1460
2007—2008	1.1311	1.0084	0.9596	1	1.1340	1.0000	1.1340
2008—2009	1.0728	0.9952	0.8052	1	1.1350	1.0000	1.1350
2009—2010	1.1086	0.8902	0.9020	1	1.1480	1.0000	1.1480
2010—2011	1.1631	1.0097	0.9429	1	1.1380	1.0001	1.1380
2011—2012	1.0797	1.0094	0.8633	1	1.1130	0.9905	1.1130
2012—2013	1.0941	1.1194	0.8117	1	1.1010	0.9958	1.1010
2013—2014	1.0936	1.0676	0.8971	1	1.0970	0.9982	1.0970
2014—2015	1.1707	1.0610	0.9781	1	1.0890	1.0016	1.0890
2015—2016	1.1030	1.0631	0.9801	1	1.0912	1.0036	1.0912
2016—2017	1.1254	1.0652	0.9820	1	1.0934	1.0056	1.0934
2017—2018	1.1177	1.0674	0.9840	1	1.0955	1.0076	1.0955
2018—2019	1.1001	1.0695	0.9859	1	1.0977	1.0096	1.0977
2019—2020	1.1230	1.0631	0.9801	1	1.0912	1.0036	1.0912

注：根据 MATLAB 软件计算并整理得到。

第八章　农业绿色发展下的碳排放空间关联特征与减排因素分析

第一节　问题的提出

"十四五"时期，我国生态文明建设进入以降碳为重点战略方向的关键时期，推动减污降碳协同增效、促进经济社会发展全面绿色转型、实现生态环境质量改善由量变到质变迫在眉睫。2021年中共中央、国务院相继发布的《中共中央国务院关于完整准确全面贯彻新发展理念做好碳达峰碳中和工作的意见》《2030年前碳达峰行动方案》等重要文件表明实现"双碳"目标的紧迫性和艰巨性。作为一个农业大国，中国在推动农业经济高速发展的过程中，表现出了十分突出的高碳特征，同时农业生产过程中的碳排放还与农业面源污染交织在一起相互影响，为国家政策的制定与实施带来了现实困难。实现农业低碳发展不仅是达到"双碳"目标的重要一环，还是倒逼农业供给侧结构性改革和农业经济高质量发展的重要途径。由于农业碳排放来源及传导的复杂性，只有准确识别其中的关键因素，才能有的放矢地制定科学合理的减排政策。

基于上文阐述，本书以农业碳排放为研究对象，采用空间计量分析方法，对省域农业碳排放的空间溢出效应及关键影响因素进行系统考察。在农业部门碳排放的统计基础上，根据《中国能源统计年鉴》中能源的使用量计算农业碳排放，以及根据电（热）碳分解法计算得到间接的能源使用所产生的碳排放量，尽可能避免因为能源使用遗漏带来的统计偏差；在空间权重的选取上，为准确识别省域农业碳排放的空间依赖性，除使用邻接权重矩阵、距离权重矩阵之外，还构建了经济权重矩阵、经济距离权重矩阵和经济与距离嵌套矩阵来对碳排放的空间溢出效应进行实证检验，通过综合比较，避免因空间权重矩阵的选取带来估计结果偏误；在方法运用上，除考虑其他省份对研究省份的影响外，还将本省份的路径依赖因素与空间误差因素考虑在内，系统研究关键影响因素对农业碳排放的空间溢出效应。

第二节　中国农业碳排放的空间相关性检验

当区域之间存在空间相关性和空间异质性时，会对估计结果产生影响。因此在确定模型之前要考虑空间溢出效应的影响，检验空间相关性最常用的方法是莫兰指数（Moran'I Index）和吉尔里指数（Geary'C）。为对碳排放的空间相关性进行全面考察，本章也将采用莫兰指数和吉尔里指数测度，计算公式分别为公式（8-1）和公式（8-2）：

$$Moran'I = \sum_{i=1}^{n}\sum_{j=1}^{n} w_{ij}(x_i - \bar{x})(x_j - \bar{x}) \quad S^2 \sum_{i=1}^{n}\sum_{j=1}^{n} w_{ij} \tag{8-1}$$

$$Geary'C = (n-1)\sum_{i=1}^{n}\sum_{j=1}^{n} w_{ij}(x_i - x_j)^2 / 2 \sum_{i=1}^{n}\sum_{j=1}^{n} w_{ij} \sum_{i=1}^{n}(x_i - \bar{x}) \tag{8-2}$$

式中，n 表示中国大陆除西藏以外的 30 个地区，w_{ij} 表示空间权重矩阵，x_i 和 $\bar{x}$ 分别表示农业碳排放及其均值，S^2 为样本的方差。根据指数计算公式，一般认为，吉尔里指数相较莫兰指数而言对局部空间相关性的敏感程度更高。为对省域碳排放空间关联的特征进行系统考察，本书构建了五种空间权重矩阵。第一种为较为常见的邻接权重矩阵（$W1$），权重矩阵中的元素 w_{ij} 表示省份是否相邻，相邻为 1，否则为 0，其中海南省与其他省份均不接壤，为便于计算，默认为海南省与广东省接壤，权重矩阵中元素为 1。考虑到接壤与否并不能很好地表现出省域之间的关联程度，如新疆、内蒙古等地国土面积较大，可能与邻近省份的空间关联特征并不明显，因此本书在此基础上引入地理距离权重矩阵（$W2$），其元素 w_{ij} 使用地区 i 与地区 j 省会城市最近公路里程的倒数表示。由于区域经济发展水平存在空间相关的特征，本书引入经济权重矩阵（$W3$），其元素 w_{ij} 使用 i 地区与 j 地区农村人均国内生产总值年均值绝对值差值的倒数表示。同时，考虑到单纯以邻接、距离和经济指标作为权重矩阵可能存在一定局限性，本书参照邵帅等（2016）在研究雾霾空间相关性时的做法，[①] 在 $W1$、$W2$ 和 $W3$ 的基础上，构造经济距离权重矩阵（$W4$）和经济距离嵌套权重矩阵（$W5$），其中 $W4$ 是地区省会城市最近距离的倒数与 i 地区农村人均国内生产总值占所有地区人均国内生产总值比重的乘积；$W5$ 通过采用加权平均方法将 $W2$ 和 $W3$ 进行加权处理，因权重指标具有一定主观性，根据经济与距离的相对重要性赋值，为简化处理，本书选取经济与距离的权重均为 0.5。

---

① 邵帅、李欣、曹建华：《中国雾霾污染治理的经济政策选择——基于空间溢出效应的视角》，《经济研究》2016 年第 9 期。

表 8-1　中国农业碳排放的空间相关性检验结果

年份	空间权重矩阵	年份	空间权重矩阵
1998	$W3$、$W5$	2010	$W1$、$W2$、$W3$、$W4$、$W5$
1999	$W2$、$W3$、$W4$、$W5$	2011	$W1$、$W2$、$W3$、$W4$、$W5$
2000	$W3$、$W5$	2012	$W1$、$W3$、$W5$
2001	$W1$、$W2$、$W3$、$W4$、$W5$	2013	$W1$、$W2$、$W3$、$W4$、$W5$
2002	$W1$、$W2$、$W3$、$W4$、$W5$	2014	$W1$、$W2$、$W3$、$W4$、$W5$
2003	$W1$、$W3$、$W5$	2015	$W3$、$W5$
2004	$W1$、$W3$、$W5$	2016	$W1$、$W2$、$W3$、$W4$、$W5$
2005	$W2$、$W3$、$W4$、$W5$	2017	$W1$、$W3$、$W5$
2006	$W2$、$W3$、$W4$、$W5$	2018	$W1$、$W2$、$W3$、$W4$、$W5$
2007	$W1$、$W2$、$W3$、$W4$、$W5$	2019	$W1$、$W2$、$W3$、$W4$、$W5$
2008	$W1$、$W2$、$W3$、$W4$、$W5$	2020	$W1$、$W2$、$W3$、$W4$、$W5$
2009	$W1$、$W2$、$W3$、$W4$、$W5$	—	—

注：①第 2、4 列空间权重矩阵表示年份数据在该空间权重矩阵下显著相关，如 2020 年农村碳排放在空间权重 $W1$—$W5$ 下具有显著相关性；根据莫兰指数检验并整理得到。

全域空间相关性检验在权重矩阵 $W1$—$W5$ 的结果显示如表 8-1 所示，通过检验结果可以看出，在 $W3$ 和 $W5$ 权重矩阵下，莫兰指数大于 0 而吉尔里指数小于 1，且均在 5% 的水平上显著，表明农业碳排放分布呈现出高高集聚和低低集聚的空间正相关特征。23 年的指标中，在 $W1$、$W2$、$W4$ 权重下显著相关的均有 13 个年份数据，并未全部表现出空间相关性说明农业碳排放并不是单纯的地理空间关联，而是在经济空间关联与经济地理空间关联上体现。因此，根据空间相关性检验的结果，同时为使估计结果更加稳健，后文空间分析将报告考虑 $W1$—$W5$ 空间权重矩阵的实证结果，尽量避免因权重选择带来的估计误差。

全局莫兰指数和全局吉尔里指数考察了变量在整个空间的集聚情况，但可能忽略了局部地区的非典型特征（邵帅等，2016），[①] 如果想知道某区域 i 附近的空间集聚情况，则可以使用局域莫兰指数进行判定，局域莫兰指数的计算公式为式（8-3）：

$$LocalMoran'I = (x_i - \bar{x}) \sum_{j=1}^{n} w_{ij} \left((x_j - \bar{x}) / S^2 \right) \qquad (8-3)$$

局部莫兰的含义与全局莫兰相似，正的 I_i 表示区域 i 的高（低）值被周围的高（低）值所包围，表现出高高集聚或者低低集聚的情况，负的 I_i 表示区域 i 的高（低）值被周围的低（高）值所包围，表现出高低集聚的情况。通过碳排放局域莫兰指数的检验情况，整理得到表 8-2，可以看出，高高集聚的区域分布在东北地区、华北平原和长江中下游平原，湖北、江苏和福建在部分年份中处于高高集聚区域。从动态演变上看，2000 年以前，高高集聚区域相对稳定，主要集中在东北地区和华北平原一带，表现为"块状"；2001 年以后，高高集聚区域逐渐扩大，长江中下游平原部分省份加入了高高集聚俱乐部；2005 年以后，随着湖北、江苏和福建的加入，高高集聚区域连成"片状"形成农业碳排放的集聚带。有必要说明的是，2015 年与其他年份表现出不一样的态势，高高集聚区域减少至 5 个省份。

表 8-2　经济权重矩阵 $W3$ 下各年份高高型农业碳排放省份

年份	省份
1998	浙江、天津、北京、黑龙江、新疆、上海、辽宁、海南
1999	浙江、天津、北京、黑龙江、新疆、上海、辽宁

① 邵帅、李欣、曹建华：《中国雾霾污染治理的经济政策选择——基于空间溢出效应的视角》，《经济研究》2016 年第 9 期。

续表

年份	省份
2000	浙江、天津、北京、黑龙江、新疆、上海
2001	浙江、天津、北京、黑龙江、新疆、上海、内蒙古
2002	浙江、天津、北京、黑龙江、新疆、上海、内蒙古、吉林
2003	浙江、天津、北京、黑龙江、新疆、上海、内蒙古、吉林
2004	浙江、天津、北京、黑龙江、新疆、上海、内蒙古、吉林、海南
2005	浙江、天津、北京、黑龙江、新疆、上海、内蒙古、吉林、海南、辽宁、福建
2006	浙江、天津、北京、黑龙江、新疆、上海、内蒙古、吉林、海南、辽宁、福建
2007	浙江、天津、北京、黑龙江、新疆、上海、内蒙古、吉林、海南、辽宁、福建
2008	浙江、天津、北京、黑龙江、新疆、上海、内蒙古、辽宁、海南、湖北
2009	浙江、天津、北京、黑龙江、新疆、上海、内蒙古、辽宁、海南、湖北
2010	浙江、天津、北京、黑龙江、新疆、上海、内蒙古、辽宁、海南、福建
2011	浙江、天津、北京、黑龙江、新疆、上海、内蒙古、辽宁、海南、福建、江苏
2012	浙江、天津、北京、黑龙江、新疆、上海、内蒙古、辽宁、海南、福建、江苏
2013	浙江、天津、北京、黑龙江、新疆、上海、内蒙古、辽宁、海南、福建、江苏、湖北
2014	浙江、天津、北京、黑龙江、新疆、上海、内蒙古、辽宁、海南、福建、江苏、湖北
2015	新疆、海南、上海、黑龙江、内蒙古
2016	浙江、天津、北京、黑龙江、新疆、上海、内蒙古、辽宁、海南、福建、江苏、湖北
2017	浙江、天津、北京、黑龙江、新疆、上海、内蒙古、辽宁、海南、福建、江苏、湖北
2018	浙江、天津、北京、黑龙江、新疆、上海、内蒙古、辽宁、海南、福建、江苏、
2019	浙江、天津、北京、黑龙江、新疆、上海、内蒙古、辽宁、海南、福建、江苏、湖北
2020	浙江、天津、北京、黑龙江、新疆、上海、内蒙古、辽宁、海南、福建、江苏

注：根据莫兰指数检验并整理得到。

第三节 农业碳排放影响因素的计量模型设定与数据说明

一、实证模型的设定

根据 2006 年《IPCC2006 年国家温室气体清单指南 2019 修订版》第四卷农业、林业与其他土地利用，农业生态系统排放的温室气体主要是二氧化碳、甲烷和氧化亚氮。而在联合国政府间气候变化专门委员会（2007 年）评估报告中，二氧化碳占据温室气体的 75%。如何准确界定农业生产以及最终废弃物处置全过程中直接和间接的碳排放活动是核算农业碳排放的关键。

传统的核算方式往往忽略了农业生产的间接碳排放活动，黄祖辉和米松华（2011）在探索农业碳足迹的过程中，采用生命周期方法分析了农业碳排放的路径，将碳排放路径归纳为五个层次，能源燃烧的直接碳排放（看得见的碳排放）、电力使用导致的间接碳排放（看不见的碳排放）、系统消费的最终品与服务在整个供应链上的隐含碳、农业生产全生命周期的碳足迹及农业生产管理措施的碳减排。[①] 第一层能源燃烧后产生的直接碳排放往往集中在本地区，第二层中看不见的碳排放往往通过电力流通到各地区，第三层中供应链上的隐含碳产生在农产品、化肥、农药、塑料薄膜的生产与运输过程中，和第二层中的电力运输过程形成了跨区域"碳交流"，第四与五层的碳排放难以估算。因此，基于以上情况，考虑到碳排放在区域之间的转移性特征，可以定义地区 i 的碳排放量为"本地碳"与"流通碳"之和，其

---

① 黄祖辉、米松华：《农业碳足迹研究——以浙江省为例》，《农业经济问题》2011 年第 11 期。

中"流通碳"又可分为"流入碳"和"流出碳"。按照此逻辑，则可定义地区 i 的碳排放量＝本地碳＋流入碳－流出碳，其中本地碳与其他地区 j 无关，流入碳－流出碳构成了地区 i 与其他地区的空间联系，虽然三者均无法通过单独观察得到，但地区 i 的第一层和第二层农业碳排放量可以通过计算得到，因此根据前文空间相关性检验结果，可以构造地区 i 碳排放的空间滞后模型和空间误差模型公式（8-4）和公式（8-5）：

$$C_{i,t}=\lambda W_{ij}C_{i,t}+X_{i,t}\beta+\varepsilon_{i,t} \tag{8-4}$$

$$\begin{cases} C_{i,t} = X_{i,t}\beta + \mu_{i,t} \\ \mu_{i,t} = \rho M_{ij}\mu_{i,t} + \varepsilon_{i,t}\left(\varepsilon \sim N\left(0,\delta^2 I_n\right)\right) \end{cases} \tag{8-5}$$

式中，$C_{i,t}$ 表示地区 i 的农业碳排放量，W_{ij} 为空间权重矩阵，$X_{i,t}$ 为影响农业碳排放的相关控制变量，$\varepsilon_{i,t}$ 和 $\mu_{i,t}$ 为误差项，M_{ij} 为空间误差模型中的空间权重矩阵；W_{ij} 和 M_{ij} 可以相同也可不同，为计算简便，本书定义 W_{ij} 和 M_{ij} 为同一权重矩阵。

政府间的竞争行为对本地区下一期的经济发展目标产生了巨大影响，这意味着地区之间不仅存在空间关联特征之外，还存在时间上的动态依存关系，农业碳排放作为反映农业经济发展的指标之一也是如此，因此，根据以上阐述可以将模型进一步修改，地区 i 农业碳排放的空间滞后模型和空间误差模型分别为公式（8-6）和公式（8-7）：

$$C_{i,t}=\lambda W_{ij}C_{i,t}+X_{i,t}\beta+\gamma W_{ij}C_{i,t-1}+\varepsilon_{i,t} \tag{8-6}$$

$$\begin{cases} C_{i,t} = X_{i,t}\beta + \mu_{i,t} \\ \mu_{i,t} = \rho M_{ij}\mu_{i,t} + \zeta\mu_{i,t-1} + \varepsilon_{i,t},\left(\varepsilon \sim N\left(0,\delta^2 I_n\right)\right) \end{cases} \tag{8-7}$$

式中，$C_{i,t-1}$ 为地区 i 农业碳排放量的滞后一期，$\mu_{i,t-1}$ 为 $\mu_{i,t}$ 的滞后一期。公式（8-6）和公式（8-7）均存在着地区 i 农业碳排放可以根据影响因素变化随时作出调整的假设，但在农业生产过程中，这个假设条件并不成立，农业生产是根据地理因素和气候条件长期摸索的选择结果，具有很强的路径依赖特征，而且一些影响农业生产的因素，如机械水平、人口规模、农业产业结构不会随时调整，存在明显的时间滞后效应。因此，将动态空间滞后模型和动态空间误差模型进行调整，可以得到公式（8-8）和公式（8-9）：

$$C_{i,t}=\theta C_{i,t-1}+\lambda W_{ij}C_{i,t}+X_{i,t}\beta+\gamma W_{ij}C_{i,t-1}+\varepsilon_{i,t} \qquad （8-8）$$

$$\begin{cases} C_{i,t} = \theta' C_{i,t-1} + X_{i,t}\beta + \mu_{i,t} \\ \mu_{i,t} = \rho M_{ij}\mu_{i,t} + \zeta\mu_{i,t-1} + \varepsilon_{i,t}, \left(\varepsilon \sim N\left(0,\delta^2 I_n\right)\right) \end{cases} \qquad （8-9）$$

为使模型表述简便，本书仅在模型中添加地区 i 碳排放量的滞后一期项。为更加准确地计算得到农业碳排放指标，本书借鉴涂正革和谌仁俊（2013）的做法，不仅仅只是考虑化石能源种类，还将化石能源的消费环节也纳入研究范围，[①] 化石能源的消费环境包括中间转化和终端消耗两个部分。在终端消耗环节，计算了《中国能源统计年鉴》中能源的消耗情况；在中间转化环节，采用涂正革（2012）的电（热）碳分摊方法，[②] 基于2005—2021年各省份能源平衡表的加工转换数据，计算得到各省份农业部门终端电力（热力）消费在全国终端消费的比

① 涂正革、谌仁俊：《传统方法测度的环境技术效率低估了环境治理效率？——来自基于网络 DEA 的方向性环境距离函数方法分析中国工业省级面板数据的证据》，《经济评论》2013 年第 5 期。

② 涂正革：《中国的碳减排路径与战略选择——基于八大行业部门碳排放量的指数分解分析》，《中国社会科学》2012 年第 3 期。

例，计算得到农业部门的直接和间接碳排放量。[①] 于是，各省份农业碳排放量由直接碳排放量和间接碳排放量构成，表示为公式（8-10）：

$$C_i = C_{i\_indirect} + C_{i\_direct} = \sum_{h=1}^{2} C_{ih\_indirect} + \sum_{j=1}^{18} C_{ij\_direct}$$
$$= \sum_{h=1}^{2} C_{ih\_indirect} + \sum_{j=1}^{18} E_{ij} \times EF_j \qquad (8-10)$$

式中，i 表示省份；h 表示两种间接碳排放的终端能源，即热力和电力；j 表示 18 中直接碳排放的终端能源，即原煤、洗精煤、其他洗煤、型煤、焦炭、焦炉煤气、其他煤气、原油、汽油、煤油、柴油、燃油、液化石油气、炼厂干气、天然气、其他石油制品、其他焦化产品、其他能源（主要是生物质能）；EF 表示终端能源的碳排放系数，碳排放系数根据联合国政府间气候变化专门委员会（2007）和《中国能源统计年鉴》整理得到。

二、相关变量的选择及数据说明

由于碳是在农业生产过程中能源使用后想得到的非期望产出，碳排放过高会引起全球气候变暖等一系列问题，因此本书借鉴林伯强和蒋竺均（2009）、王等人（Wang M. et al., 2011）的做法引入可拓展的随机性环境影响评估模型 STIRPAT（Stochastic Impactsby Regressionon Population Affluence and Technology）来分析碳排放的影响因素。[②]STIRPAT 模型的表达式为公式（8-11）：

[①]　根据《中国能源统计年鉴》中农业能源使用，发现大部分地区除原煤直接使用外，其他能源的使用均为空缺，间接使用仅包含电力使用量。

[②]　Wang M., Yue C., Kai Y.et al., "A Local-Scale Low-Carbon Plan Based on the STIRPAT Model and the Scenario Method: The Case of Minhang District, Shanghai, China", *Energy Policy*,Vol.39(11), 2011, pp.6981-6990. 林伯强、蒋竺均：《中国二氧化碳的环境库兹涅茨曲线预测及影响因素分析》，《管理世界》2009 年第 4 期。

$$I=\alpha P^b A^c T^d e \qquad (8-11)$$

式中，I、P、A、T 分别表示环境影响、人口规模、人均财富和技术水平，e 为误差项；两边取自然对数可得公式（8-12）：

$$\ln I=\alpha+b\ln P+c\ln A+d\ln T+\ln e \qquad (8-12)$$

对于本书而言，I 为各省份碳排放指标，P、A、T 分别表示影响农业碳排放的相关因素，此外，产业结构和能源强度也是碳排放的主要因素之一，因此本书选取的模型控制变量为：

人口规模（ens_pop）。考虑到不同省份之间的农业人口与耕地面积存在巨大差异，若以人口规模的绝对指标作为控制变量着实缺乏系统科学的考虑，邵帅等（2016）使用人口密度作为人口规模的替代变量来研究雾霾污染。在农业领域，西部地区因其地貌特征，人均耕地面积少，可能正是因为如此，进一步导致其机械化程度低，能源、化肥、农业等使用较少，才会得到碳排放相对较少。[1] 综合考虑，本书以人口密度作为反映人口规模的变量，即采用单位耕地面积的农村人口来表示人口聚集程度对农业碳排放的影响。可以预期，农村人口密度低的地方，农业碳排放量也会较少，其系数为正。

人均财富（p_cap）。通常情况下采用人均国内生产总值来衡量人均财富，本书将第一产业国内生产总值以 1998 年为基期做价格平减，与农村总人口的比值作为农村人均国内生产总值指标。环境库兹涅茨曲线认为，环境质量会随着经济增长呈现先恶化后好转的趋势的倒"U"曲线关系，这说明碳排放量可能随着人均国内生产总值的变换呈

---

[1]　邵帅、李欣、曹建华等：《中国雾霾污染治理的经济政策选择——基于空间溢出效应的视角》，《经济研究》2016 年第 9 期。

现出非线性关系，因此，为了捕捉到这样的非线性关系，本书在人均财富变量中引入农业人均国内生产总值的二次项及多次项，对农业碳排放与经济增长关系全面考察。因无法判断曲线特征及目前经济发展处于哪一阶段，故无法预期其系数的正负。

技术水平（p_mach 和 p_lab）。根据速水佑次郎和弗农·拉坦（2014）在《农业发展：国际前景》中对于农业生产水平的描述，农业生物技术的转移与扩散在很大程度上提高了农业生产的发展。[1]但问题在于，像杂交种子这样的生化技术进步在中国的推广速度极快，往往在短短几年内就风靡全国，难以在生产技术上体现个体差异性。因此在研究中国农业问题时，能体现出生产水平差异的可能是机械化水平和精细化耕作程度。机械化的大面积使用很大程度上提高了农业生产效率，但同时带来的是柴油使用量的提高，而且较为粗糙的生产方式往往会带来农业、化肥的过量使用；精细化耕作与机械使用恰好相反，精细化耕作的生产方式能有效降低在农业生产过程中大面积撒播给农业生产带来的负面影响，而且能有效提高农药、化肥的使用率，减少农药和化肥的过度使用带来的面源污染，但劳动力的大量投入显然会导致农业生产效率低下的后果，因此本书在考量农业技术水平时，将其分解为机械化水平与精细化耕作程度两个变量，其中机械化水平使用单位耕地面积的机械总动力表示，精细化耕作程度使用单位耕地面积的劳动力数量表示。若机械化水平提高带来的劳动生产效率的改善能有效弥补碳排放造成的环境负担，则其正向作用大于负向影响。预期单位耕地面积的机械总动力系数为正，单位耕地面积的劳

---

① ［日］速水佑次郎、［美］弗农·拉坦：《农业发展：国际前景》，商务印书馆2014年版。

动力系数为负。

产业结构（*struc*_1 和 *struc*_2）。雷玉桃和杨娟（2014）认为产业结构对碳排放产生具有显著影响，即农业占比增加会造成碳排放量的显著增加；[①] 但王惠和卞艺杰（2015）通过门槛回归模型却没有得到相同的结论，虽然农业占比增加与碳排放量呈现同向关系，但检验结果并不显著。[②] 本书同样引入产业结构变量，并从宏观角度将产业结构划分为农业产业结构与农业内部结构两个变量，农业产业结构使用第一产业国内生产总值占国内生产总值的比值表示，农业内部结构使用狭义农业表示，即农业占农林牧渔业比重或种植业的比重，根据前人研究成果可以预期农业产业结构变量系数为正，但狭义农业变量无法预期。

能源强度（*ener*）。林伯强和蒋竺均（2009）使用 STIRPA 模型分析中国人均二氧化碳排放量的变化情况，认为能源强度是结构碳排放的决定因素之一。[③] 而本书的农业碳排放计算是通过统计能源使用得到，与能源强度有必然联系。因此，本书使用单位第一产业国内生产总值的能源使用量作为能源强度指标，能源强度越高表示产生单位国内生产总值的能源使用量越高，反之越低，因此预期其系数为正。

本章选取中国 30 个省（自治区、直辖市）的 1998—2020 年农业

---

① 雷玉桃、杨娟：《基于 SFA 方法的碳排放效率区域差异化与协调机制研究》，《经济理论与经济管理》2014 年第 7 期。

② 王惠、卞艺杰：《农业生产效率、农业碳排放的动态演进与门槛特征》，《农业技术经济》2015 年第 6 期。

③ 林伯强、蒋竺均：《中国二氧化碳的环境库兹涅茨曲线预测及影响因素分析》，《管理世界》2009 年第 4 期。

经济、能源、社会发展等多项指标构成省级面板数据，各类数据来源于历年《中国统计年鉴》《中国农村统计年鉴》《中国能源统计年鉴》、中经网统计数据库、国研网统计数据库、万德宏观数据库等。缺失数据通过线性插值法补全。

第四节　中国农业碳排放的关键因素识别及溢出效应分析

一、空间计量模型的选择及检验

在参数估计时，需要对农业碳排放的空间滞后和空间误差两个模型进行选择检验，合适的空间模型对于参数估计具有决定性作用，一般使用拉格朗日乘数来检验哪个模型更加恰当，通过计算两个拉格朗日乘数形式的 LMERR 和 LMLAG 和稳健的 R–LMERR 和 R–LMLAG 来实现，拉格朗日乘数统计量更为显著的模型为更加合适的模型。由于无法判断空间滞后和空间误差模型哪个更加合适，卢克·安索林（Anselin，2004）提出，如果在检验中 LMLAG 较 LMERR 在统计上更显著，则可以判断空间滞后模型更加适合，反之，则空间误差模型更加适合。[①] 由表 8–3 可以看出，虽然在 $W1$、$W3$ 和 $W5$ 权重矩阵下，均不能拒绝原假设，但在空间权重矩阵 $W2$ 和 $W4$ 下，针对空间滞后模型的 LMLAG 统计量在 10% 的水平下显著，则判断空间滞后模型优于空间误差模型。因此，对公式（8–6）和公式（8–8）进行参数估计更加合适。

---

① Anselin L., Florax R. J. G. M., Rey. S. J., *Econometrics for Spatial Models: Recent Advances, Advances in Spatial Econometrics*, Springer Berlin Heidelberg, 2004, pp.1–25.

表 8-3　空间滞后模型与空间误差模型选择检验（拉格朗日乘数检验）结果

统计量	W1		W2		W3		W4		W5	
	卡方值	P值	卡方值	P值	卡方值	P值	卡方值	P值	卡方值	P值
LMLAG	1.427	0.232	3.103	0.078	0.032	0.857	3.273	0.07	0.032	0.857
R-LMLAG	0.172	0.679	0.002	0.967	0.118	0.731	0.003	0.956	0.118	0.731
LMERR	0.122	0.726	0.783	0.376	0.025	0.875	0.639	0.424	0.025	0.875
R-LMERR	1.476	0.224	2.322	0.128	0.126	0.723	2.637	0.104	0.126	0.723

注：虽然大部分模型选择检验的结果均不显著，但相比较而言，在 W2 和 W4 权重矩阵下，LMLAG 指标卡方值分别为 3.103（0.078）和 3.273（0.07），在 10% 的水平下显著，空间滞后模型较优。数据由 Stata 软件计算所得。

　　在选择空间滞后模型后，为防止模型退化成空间误差模型或空间自回归模型，需要进一步检验，通常采用似然比检验来完成，似然比检验的基本思路是如果约束条件成立，则相应的约束模型与非约束模型的极大似然值是相等的，在做似然比检验时，得到空间滞后模型与空间误差模型的似然统计量，通过构造似然比来判断空间滞后模型和空间误差模型的差异，若没有显著差异，则不能拒绝原假设，反之则拒绝原假设，以此来判断空间滞后模型是否产生退化现象。根据表 8-4 可得，所有检验均在 1% 的水平下显著拒绝原假设，故模型不会产生退化。

表 8-4　空间滞后模型退化似然比检验结果

统计量	W1		W2		W3		W4		W5	
	SAR	SEM	SAR	SEM	SAR	SEM	SAR	SEM	SAR	SEM
卡方值	140.89	149.07	135.85	136.17	162.28	162.28	135.85	136.17	162.38	162.34
P值	0.000	0.000	0.000	0.000	0.000	0.000	0.000	0.000	0.000	0.000

注：① SAR 表示 SDM 模型会退化成 SAR 模型，SEM 表示模型 SDM 会退化成 SEM 模型；数据由 Stata 软件计算所得。

在确定估计模型为空间滞后模型后，需要对滞后效应进行检验，确定模型中是仅含时间滞后项还是仅含个体滞后项，或二者均存在。同样使用似然比检验来完成，检验结果如表 8-5 所示，无论在哪一个权重矩阵下，均拒绝仅含有一种滞后效应的模型，需要使用时间与个体均滞后的模型进行参数估计，因此，后文将仅报告动态空间面板模型公式（8-8）的估计结果。

表 8-5 时间滞后与个体滞后模型选择检验结果

统计量	W1		W2		W3		W4		W5	
	IND	TIME	IND	TIME	IND	TIME	IND	TIME	IND	TIME
卡方值	161.44	1759.09	105.24	1793.25	140.51	1788.48	105.24	1793.25	140.35	1788.70
P 值	0.000	0.000	0.000	0.000	0.000	0.000	0.000	0.000	0.000	0.000

注：IND 表示模型会退化成只含个体滞后的模型，TIME 表示模型会退化成只含时间滞后的模型；数据由根据 Stata 软件计算所得。

二、主要回归结果

极大似然估计法是进行空间面板模型估计的一般方法，本文使用极大似然估计法对式（8-8）进行估计，得到结果见表 8-6。首先，从空间维度来看，空间滞后系数在所有权重矩阵下均显著为正，证明省域间农业碳排放存在明显的空间集聚特征。在农产品贸易、农资生产使用等农业经济活动的驱动下，具有极强的地理和经济上的空间依赖性，进一步说明农业碳减排需要依靠整体的减排政策实现，合理的顶层设计和联动减排的工作机制尤为必要。其次，单从时间滞后效应来看，农业碳排放表现出很强的路径依赖特征，上一期碳排放量每增加 1%，则会导致本期碳排放量增加 0.79%，如果不采取及时有效防控减排措施，势必会导致农业碳排放量逐渐攀升，产生强烈的路径依赖特征是由农业生产特点决定的，农业生产过程中的作物选择和生产方式是经过长期农业生产形成的结果，产业结构很难在短期内发生巨大的改变，因此农业碳排放的路径依赖特征仅仅只是农业路径依赖特征的表现之一。最后，单从空间滞后效应来看，农业碳排放的时间滞后系数在不同权重矩阵下表现不同，其他地区的人口密度和第一产业比重增加将会降低本地区农业碳排放水平，但机械动力、精细化耕作程度和能源效率却呈现相反的趋势，可能的原因是人口密度和第一产业比重不能及时调整，但在农业生产过程中，机械地运用及耕作方式能很好地产生"模仿效应"。简而言之，农业碳排放呈现明显的"泄露效应"，单边的减排措施可能徒劳无功，进一步证明了前文得到的结论。下面将对各影响因素进行讨论。

表 8-6 动态空间面板模型的主要回归结果

变量	$W1$	$W2$	$W3$	$W4$	$W5$
L$lncei$	0.788**	0.786**	0.789**	0.786**	0.789**
	(0.0197)	(0.0196)	(0.0197)	(0.0196)	(0.0197)
ln$dens\_pop$	0.107**	0.106**	0.106**	0.106**	0.106**
	(0.0310)	(0.0309)	(0.0310)	(0.0309)	(0.0310)
lnp_cap	0.105**	0.102**	0.106**	0.102**	0.106**
	(0.0422)	(0.0421)	(0.0423)	(0.0421)	(0.0423)
lnp_cap2	0.0759	0.0814	0.0805	0.0814	0.0806
	(0.1618)	(0.1616)	(0.1620)	(0.1616)	(0.1620)

续表

变量	W1	W2	W3	W4	W5
ln*p_cap3*	0.0359	0.0404	0.0427	0.0404	0.0427
	(0.1543)	(0.1540)	(0.1543)	(0.1540)	(0.1543)
ln*p_cap4*	0.00534	0.00621	0.00719	0.00621	0.00719
	(0.1136)	(0.1135)	(0.1136)	(0.1135)	(0.1136)
ln*p_mach*	0.0115	0.0143	0.0115	0.0143	0.0115
	(0.1215)	(0.1215)	(0.1215)	(0.1215)	(0.1215)
ln*struc_1*	0.109***	0.111***	0.108***	0.111***	0.108***
	(0.0073)	(0.0072)	(0.0073)	(0.0072)	(0.0073)
ln*struc_2*	−0.114*	−0.114*	−0.119*	−0.114*	−0.119*
	(0.0667)	(0.0664)	(0.0667)	(0.0664)	(0.0667)
ln*str_ener*	0.185***	0.183***	0.184***	0.183***	0.184***
	(0.0075)	(0.0075)	(0.0076)	(0.0075)	(0.0076)
rho	−0.0530**	−0.212**	−0.033	−0.212**	−0.0331**
	(0.0316)	(0.0428)	(0.0435)	(0.0428)	(0.0436)
Observations	690	690	690	690	690
R-squared	0.747	0.787	0.746	0.787	0.746

注：* 表示在 10% 的水平显著，** 表示在 5% 的水平显著，*** 表示在 1% 的水平显著；数据由根据 Stata 软件计算所得。

（一）人口密度

一般而言，人口密度越高的地方，对能源和农产品的需求会越大，而能源的消费和农产品生产过程正是农业碳排放的主要来源。但伴随着耕地确权与土地流转等政策措施的推进，以及农村劳动力的流失，规模化和集中化的经营方式逐渐成为农业生产方式的主流，从规模经济的角度分析，集中生产会带来农业生产效率的提高，碳排放水平也会相应下降。若前者占据主导地位，则会得到农业人口密度越高，碳排放水平越高的结论；若规模效益占据主导地位，则会显示农业人口密度越高，碳排放水平越低的现象。由表 8-6 可以得到，无论是在哪一种权重矩阵下，人口密度总是对农业碳排放有显著的促进作用，这说明我国农业现代化水平还有待提高，努力让规模效应充分发挥是我国农业碳减排的主要方向。

（二）人均财富

环境库兹列茨曲线假说认为，随着人均收入水平的提高，环境污染将先恶化后改善。因此本书在空间动态面板回归模型中增加了农业人均国内生产总值的二次项和多次项，以捕捉碳排放水平与人均国内生产总值的非线性关系。估计结果很好地验证了环境库兹列茨曲线假说，在每一种权重矩阵下，得到的人均国内生产总值的一次项为正，二次项仅在 $W1$ 权重矩阵下系数为负不显著，其他均为负向显著，三次项与四次项的结果表明，农业人均国内生产总值和碳排放之间不仅存在倒 "U" 形关系，还可能存在多个拐点，在人均国内生产总值的不同阶段上，农业碳排放呈现出不同的特征。[1]

（三）技术水平

事实上，除生化技术进步外，机械也是农业生产中重要的生产要素，根据希克斯技术中性，机械具有极强的劳动力替代效应。估计结果显示，在权重矩阵 $W1$、$W3$ 和 $W5$ 下，系数不显著；在 $W2$ 和 $W4$ 权重矩阵下，系数虽然在 10% 的水平下显著，但作用极小，单位耕地面积的机械动力增加 1% 时，农业碳排放增加 0.06% 左右；这表

---

[1] 在模型中增加了农业人均 GDP 的五次及以上多次项，估计系数并不完全显著，因此未作继续分析，有兴趣的读者可以向作者索取相关估计结果。

明虽然农业生产过程中机械的使用消耗了大量能源，但其带来的正外部性超过了给资源和环境带来的危害，因此，提高农业的机械化水平是减少碳排放和实现农业现代化的重要途径之一。表示精细化耕作的变量 p_lab 在所有权重矩阵下均为负向显著，但这并不表明增加单位耕地面积的劳动力有利于农业碳减排，因为在传统的农业耕作模式中，无法找到劳动力的替代生产要素，大量的农业生产是在劳动力供给充足的情况下完成，而且这种落后的生产模式对资源环境的危害较小，估计结果反向证明了在现代农业生产中机械化的重要性。

（四）产业结构

结果显示，农业产业结构变量 $strc\_1$ 在权重矩阵 $W2$—$W5$ 下均正向显著，虽然在临接权重矩阵 $W1$ 下不显著，但同样系数为正，这与预期结果相符，农业比重越高，带来的碳排放量越大，说明我国在保证粮食安全等情况下，适当调整产业结构将有利于农业碳减排。种植业比重变量 str_2 在所有权重矩阵下均不显著，是否可以通过调整农业内部结构实现农业碳减排还有待讨论，需要从更加微观视角进行分析。

（五）能源强度

能源强度变量在所有权重矩阵和 1% 的水平下均正向显著，弹性约为 0.8，即当农业能源强度降低 1% 时，会引起农业碳排放量降低 0.8%，说明在农业生产中提高能源使用效率，能有效地降低农业碳排放，与预期结果相符，因此提高能源使用效率也是实现农业碳减排的途径之一。

三、中国农业碳排放的溢出效应分析

当存在空间溢出效应时，某一因素的变化不仅会引起本地区碳排放量的变化，同时会对有空间关联性的地区碳排放产生影响，并且随着时间推移，各地区循环的反馈机制将会引起一系列的政策调整。因此，可将各因素对农业碳排放的影响分解为直接效应和间接效应，某因素对本地农业碳排放的总体影响为直接效应，包含该因素对本地区碳排放的直接影响以及该因素影响其他地区碳排放，然后通过空间反馈机制再对本地区的碳排放的影响；间接效应为该因素对其他地区碳排放的影响，即空间溢出效应。由于本书采用的是动态空间面板模型，因此又可将直接效应和间接效应分为短期直接效应、短期间接效应、长期直接效应、长期间接效应，计算公式分别为公式（8-13）至公式（8-16）：

$$S\_direct = \left[\left(I - \rho W\right)^{-1}\left(\alpha_{1k} I_N\right)\right]^{\overline{d}} \tag{8-13}$$

$$S\_indirect = \left[\left(I - \rho W\right)^{-1}\left(\alpha_{1k} I_N\right)\right]^{\overline{rsum}} \tag{8-14}$$

$$L\_direct = \left\{\left[\left(1-\theta\right)I - \left(\rho+\gamma\right)W\right]^{-1}\left(\alpha_{1k} I_N\right)\right\}^{\overline{d}} \tag{8-15}$$

$$L\_indirect = \left\{\left[\left(1-\theta\right)I - \left(\rho+\gamma\right)W\right]^{-1}\left(\alpha_{1k} I_N\right)\right\}^{\overline{rsum}} \tag{8-16}$$

式中，I 为单位矩阵，$\overline{d}$ 和 $\overline{rsum}$ 分别为计算矩阵对角线元素均值的运算符和计算矩阵非对角线元素行和平均值的运算符，其他指标与前文一致。

表 8-7 不同空间权重矩阵下各因素对农业碳排放空间溢出效应的分解

权重矩阵	溢出效应	ln$dens\_pop$	lnp_cap	lnp_mach	lnp_lab	ln$struc\_1$	ln$struc\_2$	lnstr_ener
W1	短期直接	0.105***	0.108***	0.012	−0.155***	0.108***	−0.109	0.184***
	短期间接	−0.005	−0.005	−0.000	0.219*	−0.005*	0.077	−0.009
	短期总效应	0.100***	0.102***	0.011	0.064	0.102***	−0.032	0.175***
	长期直接	0.505***	0.518***	0.056	−0.189***	0.518***	−0.132	0.883***
	长期间接	−0.106*	−0.106*	−0.011	0.265*	−0.108	0.094	−0.184*
	长期总效应	0.400***	0.411**	0.044	0.077*	0.410***	−0.038	0.699***
W2	短期直接	0.105***	0.105***	0.014	−0.252***	0.110***	0.005	0.183***
	短期间接	−0.018**	−0.018**	−0.003	1.089***	−0.019***	0.430	−0.032***
	短期总效应	0.086***	0.087**	0.012	0.837***	0.090***	0.435	0.151***
	长期直接	0.508***	0.510***	0.070	−0.315***	0.532***	0.003	0.888***
	长期间接	−0.255**	−0.253**	−0.036	1.255***	−0.268***	0.486	−0.445***
	长期总效应	0.253***	0.256**	0.035	0.940***	0.265***	0.488	0.443***
W3	短期直接	0.105***	0.109***	0.012	−0.178***	0.107***	−0.036	0.183***
	短期间接	−0.003	−0.003	−0.000	0.354***	−0.003	0.100	−0.006
	短期总效应	0.101***	0.106***	0.011	0.176	0.104***	0.064	0.177***
	长期直接	0.502***	0.522***	0.056	−0.220***	0.513***	−0.045	0.878***
	长期间接	−0.064	−0.065	−0.006	0.429***	−0.064	0.121	−0.111
	长期总效应	0.438***	0.457**	0.050	0.209	0.448***	0.076	0.767***
W4	短期直接	0.105***	0.105***	0.015	−0.252***	0.110***	0.005	0.183***
	短期间接	−0.0184**	−0.018**	−0.003	1.089***	−0.019***	0.430	−0.032***
	短期总效应	0.086***	0.087**	0.012	0.837***	0.090***	0.435	0.151***
	长期直接	0.508***	0.510***	0.070	−0.315***	0.532***	0.003	0.888***
	长期间接	−0.255**	−0.253**	−0.036	1.255***	−0.268***	0.486	−0.445***
	长期总效应	0.253***	0.256**	0.035	0.940***	0.265***	0.488	0.443***

续表

权重矩阵	溢出效应	ln*dens_pop*	ln*p_cap*	ln*p_mach*	ln*p_lab*	ln*struc_1*	ln*struc_2*	ln*str_ener*
W5	短期直接	0.105***	0.109***	0.012	−0.178***	0.107***	−0.036	0.183***
	短期间接	−0.003	−0.003	−0.000	0.355	−0.003	0.100	−0.006
	短期总效应	0.101***	0.105***	0.011	0.177	0.104***	0.064	0.177***
	长期直接	0.502***	0.522***	0.056	−0.220***	0.513***	−0.045	0.878***
	长期间接	−0.064	−0.456**	−0.007	0.431***	0.316***	0.121	−0.111
	长期总效应	0.437***	0.194***	0.225**	0.210	0.574***	0.076	0.767***

注：*表示在10%的水平显著，**表示在5%的水平显著，***表示在1%的水平显著；数据由根据 Stata 软件计算所得。

根据动态空间面板模型公式（8-8）及直接与间接效应计算方法公式（8-13）至公式（8-15），得到在不同权重矩阵下各因素对农业碳排放的溢出效应分解结果表 8-7。总体而言，在不同空间权重矩阵下得到的长期效应均大于短期效应，说明各因素对农业碳排放不仅具有短期效应，而且具有长期影响，实现农业碳减排目标是一个"持久攻坚战斗"，不能"毕其功于一役"。直接效应与间接效应差异巨大，部分影响因素直接效应（间接效应）明显而间接效应（直接效应）不显著，进一步证明前文结论，说明在农业碳减排过程中，制订合理的"顶层设计"和"整体布局"方案极为必要，这样才能达到协同减排的效果，采用"单兵作战"和"缺乏联动"的方式可能不会达到预期目标。

分指标来看，人口密度指标的直接溢出效应显著为正，间接溢出效应显著为负，表明农业劳动人口的非农化过程促减效应明显，这就有必要加快城镇化进程，促进农业人口的行业间转移。人均收入指标的直接溢出效应显著为正，而间接溢出效应显著为负，结合表8–7估计结果，实现农民增收不仅是稳定农业和农村的重要举措，对于发展现代农业，实现碳减排也是重要措施之一。对于机械化指标而言，其直接溢出效应与间接溢出效应均不明显，意味着机械化水平的提高产生的反馈机制并未使农业碳排放的增加，恰好说明了提升机械化水平的重要性。农业产业结构调整指标表明推进产业结构优化升级是当前实现农业碳减排的重要措施之一，间接的溢出效应也为地区之间协同治理提供可靠的依据。农业产业内部结构调整不论是短期还是长期、直接还是间接，效果均不显著。此外，降低能源强度是实现农业碳减排的必要措施。

四、稳健性检验

事实上，考虑空间依赖特征不仅将个体之间的联系作为影响农业碳排放的一个重要因素，而且能给政策制定者提供更加全局的视野，而忽略个体联系得到的结果极有可能是有偏的，甚至会导致表面的减排措施实际上起不到任何效果，因此，有必要对比是否包含空间依赖性的结果。

普通的面板回归模型（POLS）与固定效应模型（FE）是传统的参数估计方法，但对于估计动态面板模型不妥，因为解释变量中包含被解释变量的滞后项，内生性问题显而易见。如何解决内生性问题？安德森和久生（Anderson & Hisao,1982）采用一阶差分去除个体效应，同时以被解释变量的滞后项作为工具变量进行估计；[1] 阿雷拉诺和邦

---

① Anderson T. W., Hsiao C., "Formulation and Estimation of Dynamic Models Using Panel Data" *Journal of Econometrics*,1982,pp.47–82.

德（1991）在安德森及久生的基础上进行更加精细化处理，对于内生变量沿用安德森和久生的做法，[①]对于先决变量采用滞后一阶以上的水平变量作为工具变量，对于严格外生的变量使用其水平值作为自己的工具变量，但这样的方法选取了多个矩条件，容易产生过度识别的问题，而且一阶差分估计量要求原始模型的干扰项不存在序列相关，因此他们建议使用一阶段的系数结果进行显著性推断，然后采用两阶段估计的统计量进行萨甘检验（Sagan）来筛选模型；然而当出现强烈的序列相关或者个体效应波动远大于干扰项波动时，这样的广义矩估计（GMM）方法表现欠佳，因为水平滞后项是差分方程中内生变量的弱工具变量，需要寻求更加有效的工具变量。系统广义矩估计（SGMM）进一步采用差分变量的滞后项作为水平值的工具变量，增加了可用的工具变量，且估计过程同时存在水平方程和差分方程，对于含有内生性问题的模型总能在现有变量中找到合适的工具变量。问题在于不管是 IV 估计法、广义矩估计法还是系统广义矩估计法都是建立在大样本基础上，对于截面较小的数据往往效果欠佳。基维特通过蒙特卡洛模拟分析表明，在 N 较小的情况下，采用纠偏最小二乘虚拟变量法可以纠正 90% 以上的偏误。布鲁诺（Bruno）于 2005 年进一步给出了非平行面板的纠偏方法，并通过蒙特卡洛模拟分析得到只有在解释变量严格外生的情况下，纠偏最小二乘虚拟变量法才有较好的表现。因此，本书在进行农业碳排放的稳健性检验时，采用纠偏最小二乘虚拟变量法来解决模型中存在的内生性问题。

①　Arellano M., Bond S., "Some Test of Specification for Panel Data: Monte Carlo Evidence and an Application to Employment Equations", *Review of Economic Studies*, 1991, pp.277–297.

表 8-8　　稳健性检验

变量	AH	AB	BB	POLS	FE
Lp_cei	0.652	0.653	0.658	0.621***	0.658***
				(29.943)	(28.493)
ln$dens\_pop$	0.121	0.122	0.129	0.126	0.122
				(1.410)	(1.380)
lnp_cap	0.034	0.082	0.069	0.089	0.181*
				(0.874)	(1.740)
lnp_mach	0.142	0.133	0.137	0.123	0.134
				(1.367)	(1.393)
ln$struc\_1$	−0.140	−0.153	−0.156	−0.160***	0.151***
				(−4.081)	(4.064)
ln$struc\_2$	−0.437	−0.382	−0.395	−0.377*	−0.382*
				(−1.670)	(−1.702)
lnstr_ener	−0.084	−0.092	−0.098	−0.095*	0.092*
				(−1.855)	(1.753)
Constant				1.350	
				(1.352)	
样本量	690	690	690	690	690

注：* 表示在 10% 的水平下显著，*** 表示在 1% 的水平下显著。

　　表 8-8 是进行稳健性检验的估计结果，第 1—3 列使用纠偏最小二乘虚拟变量法，其中 AH 表示设定初始估计方式是安德森和久生（1982）提出的 IV 工具变量法，AB 表示设定的初始估计方式是阿雷拉诺和邦德（Arellano &Bond，1991）使用的广义矩估计方法，BB 表示设定初始估计方式是布伦德尔和邦德（Blundell & Bond，1998）使用的系统的广义矩估计，纠偏最小二乘虚拟变量法估计法采用 Bootstrap 获得标准误，因此无法得到 t 值，设定 Bootstrap 次数为 200 次，精度选择为 1/NT2。第 4、5 列分别为面板回归模型和固定效应估

计得到的结果。比较表 8-6 和表 8-7，可以看出，是否考虑空间相关性对于估计结果有显著差异，不管是纠偏最小二乘虚拟变量法、面板回归模型，还是固定效应法，虽然除了上一期农业碳排放量（*cei*）符号呈现显著变化外，其他变量符号未发生改变，但是未考虑空间相关性时，人口密度（*dens_pop*）的系数由 0.106 上升到 0.181，人均国内生产总值（*p_cap*）系数由 0.108 上升到 0.151，能源强度（*ener*）系数由 0.184 下降到 0.092，均发生了巨大改变，考虑空间相关性的重要性不言而喻。

第九章　中国农业绿色发展的因素分析与对策选择

第一节　中国农业环境的影响因素探讨

一、中国农业环境的微观影响因素

理论上，埃利斯（Ellis，1988）给出了农民的经济学定义：农民是从农业中获得生产资料，并在农业生产中主要利用家庭劳动的农户，农民部分参与到不完全的投入和产出市场。[①]部分地参与不完全的市场使得农户无法准确地获取有关市场的相关信息，加之并不完善的外部条件（如体制不健全、法律体系不完善、市场分割等），"有限理性"的农户们无法对将来的情况作出比较准确的判断。他们从农业生产活动中只能获得一部分边际利润，却要承担全部的边际成本。因此，在面对风险和各种不确定因素时，农户的农业生产决策具有"短视性"，不会考虑甚至忽视因使用大量的农药、化肥等农业化学品产生的环境污染问题。这种行为虽然对土壤、水体和大气造成了长期损害，但在短期内加速了农产品的产量，并使农民在获得较高经济利润

---

① Ellis F., *Peasant Economics: Farm Households and Agrarian Development* ,Cambridge England Cambridge University Press, Vol. 93(1),1988, pp. 213–214.

的情况下不需要对此进行任何生态补偿。此外，在工业化背景下，农村青壮年劳动力流失，农业的从业者主要为老人和妇女，高度的依赖化肥和农药等工业用品，已经基本上告别了精耕细作的生产模式（饶静和纪晓婷，2011）。[①]

对于农业污染，以微观层面来解释，主要是分析农业化学品的使用决策因素是否是造成农业污染的主要原因。在这其中，收入水平、要素价格、文化程度、环保意识等均是影响农业化学品使用决策的因素（周锦和孙杭生，2009）。[②]虽然关于此类问题的研究结果存在一定的差异，但大多学者认为农业化学品的使用行为受到经济利益的驱使，农业生产者会根据自身条件以及周围客观的自然、经济和社会条件进行生产性投资。因此，在农业生产中，农业生产者选择高化学品投入以获取高产量和高效益，直接造成了环境污染的结果。利润最大化和社会福利最大化是造成农业面源污染的主要原因，[③]农业生产者收入减少是导致生态环境保护政策失败的根本性原因。[④]微观层面的农民收入问题也应该受到重视。调查研究表明，技术支持、价格补贴等环境政策中，农户对技术支持的接收意愿最大，因为这种政策的效果与农业生产者的利润目标一致。[⑤]如政府在无偿提供施肥技术时，既提高了化肥的有效利用，又降低了农产品生产的单位投入成本。

---

① 饶静、纪晓婷：《微观视角下的我国农业面源污染治理困境分析》，《农业技术经济》2011 年第 12 期。

② 周锦、孙杭生：《农民的环境意识调查与分析》，《中国农村观察》2009 年第 3 期。

③ 冯孝杰、魏朝富等：《农户经营行为的农业面源污染效应及模型分析》，《中国农学通报》2005 年第 12 期。

④ 樊胜岳等：《中国荒漠化治理的生态经济模式与制度选择》，科学出版社 2005 年版。

⑤ 韩洪云、杨增旭：《农户农业面源污染治理政策接受意愿的实证分析——以陕西眉县为例》，《中国农村经济》2010 年第 1 期。

　　根据以上阐述，微观层面的农业生产者是最基本的生产单元，他们持续增加农业化学品的投入会造成农业面源污染的增加。当前，农业生产者收益较低，农业环境政策的缺失、农业污染治理体系尚未完善，农业生产者既没有主动实施清洁生产的意愿，也没有任何环境政策的约束，因此，在促进农业生产者增产增收的同时，降低农业化学品的使用是促进农业环境保护的关键。

二、中国农业环境的宏观影响因素

　　宏观层面，成本因素、价格因素、农户行为等方面均是造成农业面源污染形成的主要原因。但农业面源污染形成的根本原因在于市场失灵和政府失灵，即市场无法有效配置资源，政府无法有效纠正市场失灵，导致资源产权界定不清、价格制定错位和资源价值认识错误，从而使农业生产者不是通过有效利用资源、技术革新来增加收益，而是过度使用公共资源，将造成的生态成本和污染治理成本转移到全社会。以下分别在市场失灵和政府失灵两方面做进一步阐述。

　　（一）市场失灵导致的农业环境污染

　　若市场未能满足完全竞争、完全信息、不存在外部性和零交易费用等苛刻条件，市场价格便无法反映资源环境的价值，政府便无法依靠市场对资源进行合理配置，此时便出现了市场失灵。在某种程度上，环境污染包括农业面源污染的很大原因是市场失灵造成的，农业生产，因其固有的属性，极易产生市场失灵状况。以下分别在外部性、产权和公共物品属性三个方面来探讨农业生产中市场失灵的原因。

（二）农业环境的正外部性逐渐减弱，负外部性逐渐加强造成环境进一步恶化

在正外部性方面，农业环境系统的正常运行可以提供一系列的生态服务，如净化空气与水、减轻缓解洪涝灾害、维持保存土壤肥力、分解降解废弃物、扩散种子传播、维持营养均衡、维持生物多样性、给予人类美学和精神上的享受。[①]农业的多功能性给予了农业很强的正外部性，但这种正外部性正在逐渐减弱。首要原因在于，世界人口的逐渐增加给农业生产带来了强大的压力，农业生态提供了一定的正外部性，而免费享受这种正外部性的好处的人越来越多。其次，发达的工业给农业带来了不可逆转的破坏。第一次工业革命以来，世界经济的发展主要依靠工业，工业的迅猛发展让人忽视了农业的重要性，而且大量工业用品的使用给耕地、水土造成了前所未有的破坏，影响了农业的正外部性。再次，获益者在追求利益的过程中逐渐加大了对环境的破坏。工业用品的使用虽然对农业生产效率的提高起到了决定性作用，但对农业环境的污染造成了极大的危害，获益者在追求利益的过程中并没有减少工业用品投入的意识，还在不断加大投入以追求更高的利益。最后，农业环境保护并未受到应有的重视。农业生产者以及从农业部门获益的人没有主动承担起农业环境污染的责任，使农业生态环境的保持与提升受到了很大的限制，环境基础不堪重负。

在负外部性方面，伴随着人口的增长与人民生活水平的提高，人类除了需要农业提供基础的物质服务外，还需要农业提供越来越多的

[①]　Daily G. C., "Nature's Services: Societal Dependence on Natural Ecosystems", *Pacific Conservation Biology*, Vol. 6(2),1997,pp. 220–221.

农业副产品，但在当前中国的农业生产中，较为粗放的农业生产模式与人民日益增长的需求之间形成了一定的矛盾。1978 年以后，我国形成了家庭联产承包责任制的农业生产模式，这种模式虽然极大地提高了农业生产的积极性，提高了农业生产效率，但同时也割裂了农业生产者与其息息相关的农业生态环境之间的关系，这种人与自然之间关系的疏远，导致人们在利益导向观念的支配下，使用更多的化学品增产增收，农业环境也因大面积的、集约化的、单一的农业经营而降低质量。与此同时，农业生产者不会为环境的破坏买单，农业生态环境的自我调节功能受到了损害。因此，伴随着农业环境资源的过度利用，污染物过度排放，农业环境进一步恶化。

（三）产权界定不清晰提高了农业生产者短期行为的动力，进而造成严重的环境污染

市场机制正常作用的基本条件是明确定义的、专一的、安全的，可以专一和实行的涵盖所有资源、产品、服务的产权（张帆和李东，2007）。[①] 产权是有效利用、交换、保存、管理资源和对资源进行投资的先决条件。产权界定不清楚会引起法律纠纷，使所有权产生不确定性，从而打击人们对资源投资、保存和管理的积极性。在农业生产中，土地、河流和生态资源的产权界定不清，可能会引起农业生产者的短期行为，过度开发利用，毫无节制的污染环境行为并不会对农业生产者带来利益的损失，但是短期行为会加快资源的消耗和更加严重的环境污染。土地产权制度的改变对农业生产者行为的影响极为显著，相关研究表明农民在自留地和口粮田上更愿意比责任田和转包地多施

---

① 张帆、李东：《环境与自然资源经济学》，上海人民出版社 2007 年版。

用对保持地力有长期功效的有机肥（黄季焜等，2011），[①] 这说明土地使用权越稳定，农业生产者对土地资源投入的长期行为越明显，土地使用权越不稳定，农业生产者的短期行为越突出。在水土保持方面也有同样的结论，农业生产者水土保持决策受到村内转包权、抵押权、有无土地租赁、农业生产者对水土流失的感知等因素的影响。[②] 党的十九大以后，党中央、国务院明确了农村土地承包到期后再延长三十年的相关政策，这对于农村土地产权界定和农业生产者的短期行为具有一定影响，本书相信这也会给促进农业环境保护提供一个有利的信号。

（四）农业环境的公共产品属性造成了"搭便车"行为的产生

农业环境是生活资源，同样也是人们赖以生存的生产资源，是人类生产和生活的基础。农业环境具有明显的公共产品属性，具有非竞争性和非排他性，非竞争性的属性决定了个人对农业环境的消费并不会减少他人对农业环境的消费，非排他性的属性决定了个人在消费环境后并不影响他人的环境使用权限，这正是公共产品属性造成的现象。公共产品的属性有其不利之处，在于人们在消费公共产品时不计后果的随意行为，导致了低效、过量和快速的消费，同时带来了大量的环境污染。当人们意识到这样的问题时并没有给出很好的解决方案，农业生产者依然会毫无顾忌地进行消费，促使农业环境消费更加快速；工业化和城市化加速的进程中，工业用品的使用给农业环境造成了极

---

① 黄季焜、王晓兵等：《粮食直补和农资综合补贴对农业生产的影响》，《农业技术经济》2011 年第 11 期。
② 钟太洋、黄贤金：《集体农地管理权配置对农地承包权稳定性的影响》，《云南农业大学学报》2005 年第 1 期。

大的污染，影响了人民的生活，但是公共物品的属性使农业环境在不排斥他人使用的情况下共同使用，从而产生"搭便车"的行为，继而导致农业环境的过度消耗，使农业污染更加严重。

（五）政府失灵导致的农业环境污染

市场在稀缺资源配置上的失灵为政府干预提供了机会与理由，若政府的干预不能修正有缺陷的市场，甚至反而会进一步扭曲市场，比没有政府干预更加糟糕，这便出现了政府失灵。政府失灵主要有两种情况，第一种是政府没有能够纠正环境外部性所引起的市场失灵；第二种是政府行为本身对资源配置造成扭曲或对环境有危害。[①] 对于农业来讲，环境污染的政府失灵可以分为政策失灵和管理失灵两个方面。[②]

（六）农业政策扭曲了环境资源在农业市场上的配置，导致环境资源的浪费

农业政策失灵是指政府政策反映了被扭曲的环境资源使用或配置的私人成本，使得这些成本对个人而言合理但对社会而言是不合理的，甚至会损害社会的规章制度，影响财政、税收等其他的政策实施，从而间接影响环境资源的有效配置。农业政策的失灵使得政府没有有效地把产品和资源配置给合理的群体，低效的生产、过多的消耗对环境造成了严重的污染。例如，2009年已经取消的化肥限价政策，为追求农业经济增长和农产品产量的提升，在供给端采取化肥限价增加化肥的供给量，在需求端实施农资补贴政策，刺激农业生产者使用

---

① Markandya A.," Poverty, Environment and Development",*Intereconomics*, Vol. 27(2), 2001, pp.75–85.

② 沈满洪：《论环境问题的制度根源》，《浙江大学学报（人文社会科学版）》2000年第3期。

化肥，导致原有的精耕细作的农业生产方式被破坏，同时化肥的大量使用造成了严重的农业面源污染。在农业化学用品的使用上，还有大量的研究也得出了同样的结论。葛继红和周曙东（2012）在研究了中国的农业生产中化肥使用的情况后，得出化肥要素市场的扭曲程度一直呈现出上升的趋势，在这其中，化肥的价格管制是造成扭曲的主要原因，而且相关的实证研究表明化肥市场的价格扭曲对农业面源污染的排放有显著的正向作用。[①] 与之相关的还有农业补贴政策的实施，许多西方学者也在关注农业补贴政策和环境之间的关系，因为农产品产出和投入补贴在内的农业补贴政策扭曲了市场机制，在增产增收的同时加重了环境污染（Repetto&Robert，1989），因此认为取消价格扭曲政策并提高市场激励机制的作用不仅有助于经济的发展，也对环境有一定的积极作用（Munasinghe&Mohan，2007）。[②] 在中国，侯玲玲等（2007）从化肥需求视角研究了补贴的环境效应，发现农业补贴并没有引起化肥适量增加而加重农业面源污染；[③] 而于伟咏等（2017）的研究却发现，农资补贴扭曲了化肥要素价格，对于农业面源污染存在正向的激励作用；[④] 汪小勤等（2016）也发现农业补贴特别是粮食直补促进了农药和化肥的使用致

①　葛继红、周曙东：《要素市场扭曲是否激发了农业面源污染——以化肥为例》，《农业经济问题》2012 年第 3 期。

②　Repetto R., " Renewable Resources and Population Growth: Past Experiences and Future Prospects ", *Population and Environment* , Vol.10(4),1989, pp. 221–236. Munasinghe M., "Electricity Pricing: A Comprehensive Framework", *IEEE Transactions on Power Apparatus & Systems*, Vol.100(8), 2007, pp.3959–3968.

③　侯玲玲、穆月英、张春晖：《中国农业补贴政策及其实施效果分析》，《中国农学通报》2007 年第 10 期。

④　于伟咏、漆雁斌、余华：《农资补贴对化肥面源污染效应的实证研究——基于省级面板数据》，《农村经济》2017 年第 2 期。

使实际耕地面积减少。[①]涂正革等（2019）通过数据包络分析方向距离函数及其分解的方法得出农业补贴政策是支持弱质农业的必要政策之一，但应在刺激农业生产者施行清洁生产的方向努力。[②]

（七）农业环境管理的缺失和不足忽视了农业面源污染的问题，导致农业环境进一步恶化

农业环境管理失灵，是指在各级政府中存在一些管理上的缺失和问题，与欧美发达国家相比，我国的农业生产在新旧动能的转换上旧的生产模式依然大量存在，新的生产模式还未形成规模。据统计，我国第一产业从业人员大致占到全国人口的四成，但这一数据在美国仅为3%，生产集约性差距非常明显，与此同时，农业管理部门在各级政府或同级政府的不同部门之间存在交叉现象，管理方式和手段落后，部门协调性不足。如冷罗生（2009）的研究，我国在防治立法方面较为落后，法律体系尚未建立，法律责任形同虚设。国家财政对农业污染问题的治理也存在很多问题，如控制农业面源污染的公共投资偏弱，资金投入结构不优化、缺乏系统的针对农业面源污染的税收制度等。伴随着时代的发展，农业生产技术逐步提高，但是政府在农业公共服务的供给也存在缺失现象，农民在使用化肥、农药、地膜等生产技术时没有足够的指导，环境友好型、清洁生产型技术在农业生产过程中没有得到有效运用。大量的研究表明，政府在自由市场的环境下，应该采取长期的、有效的正向政策激励措施，使

---

① 汪小勤、曾瑜、俊杰：《农业直接补贴政策：文献综述与国别研究》，《河南社会科学》2016年第3期。

② 涂正革、甘天琦、王昆：《基于绿色发展视角的农业补贴政策效率损失的探究》，《华中师范大学学报（人文社会科学版）》2019年第2期。

农业生产者由传统生产模式逐步向清洁生产模式转变。农业面源污染难以进行监测和客观评价，治理与管理成本高昂，各级地方政府在其自身利益（税收、就业、社会稳定）的诱导下，缺乏实施农业环境保护的积极性。正是由于农业环境监管的软约束，刺激了农业生产者采取牺牲环境的短期行为，追求短期利益，加剧了农业对环境的污染。

三、中国农业环境的现实影响因素

（一）城乡二元结构体制是造成农业环境污染的根本原因

新中国成立之后，我国效仿苏联优先发展重工业，但国力贫瘠的现实只能以工农"剪刀差"的形式来支持工业的发展，长期以来，多重因素的叠加形成了明显的城乡二元经济结构；1978 年以后，国家在农业方面由人民公社制度向家庭联产承包责任制度转变，这种以小农经济为基础的生产方式大大提高了农村劳动力的积极性，但二元经济结构的体制没有发生根本性改变，反而更加明显。洪大用和马芳馨（2004）也指出，中国特定的城乡二元分割结构存在，可能是农村面源污染日益严重的深层原因。可以理解为城乡格局明显加剧了农村人口与资源环境之间的紧张关系。[①] 中国是一个农业大国，也是一个人口大国，数据显示当前农业人口依然占据全国总人口的半壁江山，而在 20 世纪下半叶不发达的中国，农业人口数量更加庞大，在资源的紧缺与生活的压力下，人与自然之间的关系就会越发紧张，21 世纪以后，大量农民进城务工，缓解了农村环境和人口之间的压力，但这种

---

① 洪大用、马芳馨：《二元社会结构的再生产——中国农村面源污染的社会学分析》，《社会学研究》2004 年第 4 期。

紧张的关系依然存在。

（二）农业面源污染治理的意识薄弱

主要表现在四个方面，第一，国家对于农业面源污染治理的投入不足。从国家财政支出的角度来看，大量的资金投入用于工业点源污染治理上，而严重忽视农业面源污染的治理，2007 年，国家实行第一次污染源大普查之后，才逐渐对农业面源污染有所重视，但非常有限。第二，国家对于环境治理的导向存在偏差，大量的资金来源投放到城市和工业部门，而对于乡镇单位的治理资金严重不足，即使乡镇领导干部对于农业面源污染和农村环境治理有非常清楚的认识和强大的治理意愿，也由于资金方面的捉襟见肘而显得力不从心。第三，农业生产者对于环境保护的意识淡薄，以及对已经形成的隐形农业面源污染没有足够强的治理意识，污染的日积月累和恶性循环，不仅影响土壤板结和农产品质量，还造成了潜在的农业产出减少。第四，是农业面源污染治理的法律缺失。1972 年，经济合作与发展组织（OECD）基于庇古税理论的基础提出了污染者付费原则，此项原则要求直接或间接污染者按照一定的缴纳标准纳税，以供管理者进行环境治理。基于经济合作发展组织提出的这一原则，中国政府于 1979 年制定《环境保护法（试行）》的条文中规定了"谁污染，谁治理"的基本原则，这一原则也在后期的环境治理中逐渐形成排污权交易和环保费（排污税）。[①]但是，长期以来，"谁污染，谁治理"的原则主要针对工业点源污染，致使农业生产活动造成的面源污染被排除在外，形成了真

---

① 2016 年 12 月 5 日，全国人大常委会审议通过了《环境保护税法》，于 2018 年 1 月 1 日起正式开始征收。排污费主要依据设定税率，保留了较宽的弹性空间，环保税适用税率和征收机制，提高了立法层级，强化了征收刚性。

空，农业生产者却不会对环境破坏造成经济损失。

第二节　中国农业环境治理对策选择

一、农业环境的综合治理策略

（一）坚持农业发展与环境保护一体推进

对农业生态环境保护问题的认识与治理会受到经济发展水平的制约，农业生态环境保护的目标设定和实现路径的选择离不开农业经济的发展和人民生活水平的提高，这便给出了农业生态环境治理的前提条件：农业经济的发展水平和农民收入的提高。同时，作为重要的绿箱政策之一，农业环境政策成为世界贸易协定下各国政府继续实行农业补贴和农业措施的重要途径。农业环境政策能显著改善地区的基础设施和农业环境质量的重要原因在于能有效地促进农业经济的发展和农民收入的提高。

坚持农业发展与环境保护的一体推进，首先要从农业发展与农民收入的角度出发，制定相应的农业环境治理策略。截至2022年，我国的农村人均收入水平虽然有大幅度提升，但是城乡二元经济结构和城乡收入差距依然是影响农业发展的重大问题，因此，需要将农业发展与农民收入水平的提高放在首位。其次，摆正粮食安全的重要地位。由于我国农业人口数量依然庞大，且工业化、城镇化占用了大量的耕地资源，因此，我国的粮食安全在短期内仍然面临着威胁，所以在考虑农业环境治理的方法上，并不能简单模仿、照搬其他国家的耕地休耕、免耕政策，而是要从实际出发，制定有利于农村发展和农民收入提高的环保政策。再次，实施农村发展与农业环境保护的政策，需要对不同发展水平的地区采取差异化的管理策略。由于我国各地区农业发展状况不一，差异化明显，因此必须从实际出发，优先解决环境恶化严重地区的农业环境问题，例如，对于北京、天津和上海等农业发展比例较低的地区，可以采取规制力度较为严厉的环境政策，而对于贵州、云南等农业经济比例高、经济发展水平较低的地区则采取温和的环境政策，待其经济发展水平有一定提升之后再增大政策的规制力度推广施行。最后，将农业政策与其他政策相结合进行联合治理。譬如在国家层面上的财政支农力度，可以对经济发展落后的地区更加倾斜，在地区层面上，开发农业环境治理的试验田，积累更加合理有效的管理经验和政策手段，为其他地区的试点推广提供经验性证据。

（二）坚持政府治理与市场激励并驾齐驱

有效统筹协调农村发展与农村生态环境保护问题，需要成熟的利益协调机制和空间规划的实施，形成法律、管制和规划的综合体系（黄晶和李秀波，2002）。[①]相对于其他国家，我国在针对农业环境问题上还存在大量的法律空白、标准缺失和管理失位，因此需要从法律、规划与执行的角度出发制定出农业环境治理的规范性制度。首先，从法律的角度明确权责界限，提升农业环境保护管理水平，理顺农业环境治理的体制，加大农业环境保护经费、人力的投入，为全面治理农业环境污染提供制度保障。其次，完善农业环境监测体系，通过卫星、传感器等高科技监测手段，全面监测农业面源污染、地表水及地下径流污染、农业土壤污染，及时发现、准确治理，从源头上加大对农业环境的保护。最后，加大惩治力度，对于恶意破坏农业环境的行

---

① 黄晶、李秀波：《从中欧环境管理合作计划看亚欧环境合作前景》，《世界环境》2002年第 5 期。

为主体进行有效处罚，改善农业环境无人监管的局面。

（三）发挥市场作用进行农业环境治理

行政监管的角度只能解决部分问题，农业环境的治理还需要有效地利用好市场这只无形之手。农业环境保护缺失的重要原因在于执行治理手段的成本费用高昂，而且效果不明显，因为在农业生产中存在大量的"搭便车"行为。因此，要充分发挥市场激励作用，与政府环境治理的措施形成合力。第一，制定能够有效引导农业生产者实施农业环境保护行为的经济激励措施。如绿色补贴政策的实施能有效减少农民在生产过程中大量使用化肥、农药的行为，实行休耕和免耕的地区也可以适当地利用经济奖励措施来弥补农户一定的损失。第二，纠正在目前政策实施中的不合理措施。例如，我国于2004年之后开始实施普惠的农业补贴措施，农业补贴提高了农业生产者对化肥和农业等农用化学品使用的积极性，在一定程度上加重了农业面源污染，因此可从现有的政策出发，逐步改变和消除不合理政策措施。

二、农业环境治理的制度设计

（一）农业环境治理的宏观制度设计

农业环境的宏观制度设计包含法律制度和管理层面。法律层面的设计是保障有效实施农业环境保护的最基本条件。目前我国环境保护相关的法律已经相对完善，而且各地区也按照环境保护法的相关要求制定了地区农业环境保护条例和农业环境保护办法等，但是由于农村地区特殊的自然地理条件和相对薄弱的环境管理基础，农业环境保护的实施还是不尽如人意，因此有必要制定专门的农业环境保护制度，来弥补法律层面在农业环保方面的缺失。完善环境保护制度是一项系统工程，需要在环境监管、公众参与等多方面实施。在管理层面，需要制定与法律制度对应的管理体制，如政府工作人员的激励机制与惩罚措施，防止农业环境管理上的失位。

农业环境影响的评估也同样重要。我国现有的城市规划环境评估制度重点集中在城市，对大气质量检测和水污染检测等方面较为重视，但是常常会忽视农业面源污染的环节，针对这一问题，需要从宏观管理制度上出发，制定出有效的农业环境评估框架。第一，加大对农业环境治理的监测力度。在技术层面上对农业环境的监测要有侧重，可以在总体规划的监测体系中采用"驱动力—压力—状态—影响—相应"（DPSIR）的框架，对于传统的农业面源污染测算体系进行改进，针对农业生产中的污染进行直接监控。第二，引导公众参与农业环境的保护。目前来看，公众对于城市工业环境更加敏感，原因在于城市公众有更加强烈的环境保护意愿以及丰富的环境监测手段和便捷的发声渠道，但是对于相对落后的农村地区而言，大多数民众对于农业面源污染过于忽视，而已经意识到污染严重的民众也没有参与农业环境保护的意愿，因此，需要加大对公众的环境保护意识的培养，可以通过农村广播、农业频道、农技站等渠道进行宣传，而且还需要疏通处于农村地区的公众投诉渠道，让广大农民参与进来，此外，还可以引导环境保护的民间团体进入农业环境保护的领域。第三，完善农业环境保护的奖惩机制，政府需要针对性地对农业环境保护的团体和个人进行适当的奖励，而对于造成农业污染的个体进行惩罚，同时通过个案在社会中宣传，营造好公众参与农业环境保护的氛围。

（二）农业环境治理的微观机制设计

完善环境资源的产权制度。新制度经济学认为，在经济社会发展的过程中容易出现环境资源的负外部性问题，按照诺斯（Douglass C.North）的观点，明确的产权制度是解决外部性问题的有效途径。目前，在我国的农业生产过程中，土地等资源都归为国家和集体所有，农业生产者并无环境保护的意愿与意识，而且容易出现"搭便车"行为，为了避免"公地悲剧"的出现，应该探索环境资源产权的明晰化道路，充分调动市场的积极性，避免出现涸泽而渔的现象。可以借鉴排污权交易的思想，针对农业面源污染的特殊性和区域农业污染的容纳能力，合理地分配化肥、农药等农业化学品，引导农业生产者施行清洁生产。

完善农业环境补偿机制。按照"谁污染、谁治理"的思想，探讨农业生产中"谁破坏谁付费、谁受益谁补偿"的机制。农业生态环境的特征决定了农业生态环境的补偿机制应该建立在财政补偿和市场补偿相结合的基础上，合理筹集补偿资金，确定补偿标准，识别补偿者和被补偿者，选择补偿方式等。建立农业环境补偿机制，一方面，要完善组织管理体系，目前看来，我国的农业生态环境补偿仍然侧重于生态补偿，但是对于环境补偿没有明确的定位，因此需要完善农业环境补偿的机制，做好顶层设计，制定政府主导、农民参与、公众监督的农业环境补偿体系。另一方面，加大政府财政对农业环境补偿的支持力度，各地可以成立农业生态环境补偿基金，探索以财政支持，政府管理，市场补位的农业生态环境补偿新途径。

三、农业环境治理的政策选择

（一）以科技为原动力，促进农业新旧动能转换

科技创新是永恒的主题，是促进经济增长和全要素生产率提升的

动力源泉，对于农业环境治理而言，科技创新依然是有效减少农业面源污染、促进农业绿色全要素生产率提升的主要途径。第一，提升农业科技水平，增强农业发展的核心竞争力。农业环境保护科技的创新体现在农业环境测评领域、农业环境监测和污染处理领域和农业生产技术领域三个方面（冯淑怡，2014）。[①] 在农业环境测评领域需要使用高科技监测手段，对农业生产过程进行全方位监测，作出详尽客观的测评；在监测农业环境污染处理方面，需要采取高科技、低成本的监测手段，提高政府和农业生产者及时发现污染、迅速处理污染的能力；在农业生产领域，重点研究、开发和推广农业新技术的使用，同时加强农业环境的基础科学研究，设立专项基金和重点投资项目，开展农业生产领域的研发，解决农业生产中污染治理的关键技术，重点提高品种改良、无害化肥、新型农药等农业生产要素的研发力度。第二，提升以人为科技创新主体的地位。一方面，以"聚才"为指导方针，制订中期或中长期的农业科技人才培育计划，大力培养农村精英和职业农民，充分发挥农业科研院所和农业生产基地的作用，重点培育一批"爱农业、懂技术、知环保"的农业技术人才。另一方面，提升农民的价值感和认同感，实现农民从农业生产者向农业环保者的转变。以"乡村振兴"为契机，培育和扩大新型职业农民的群体，通过环保奖励、绿色补贴等多种方式提高农业生产者的收入水平和社会地位，让农民以"主人翁"的姿态出现在农业新旧动能转换和农业环境保护的过程中。

（二）以市场为驱动，激发农业生产主体的积极性

我国农业环境问题的出现和加剧，与农民的环境保护意识息息相

---

① 冯淑怡：《农村发展中环境管理研究》，科学出版社2014年版。

关，实现农业环境保护，离不开与农业生产紧密联系的农民。一方面，需要完善体制机制，为农业生产营造良好市场和政策环境，可以采取以下两条措施：一是通过采取农业补贴和税收的政策，针对农业生产者进行奖励和惩罚，通过行政手段形成一种长期的执行方式，并根据现实状况及时调整政策力度；二是鼓励绿色农产品和有机农产品的市场销售，并营造出良好的社会氛围，逐渐将低质农产品淘汰出市场，间接激发农户的绿色生产行为。另一方面，需要完善法律保障体系，为农民的绿色生产行为保驾护航，可以采取以下三条措施：第一，提升农业生产者的受教育水平，激发公众参与中国环境治理的热情（涂正革等，2018）。[①] 农业生产者是受教育水平较低的群体，同时也是环保法律意识淡薄的群体，对于农业环境保护问题，在法律层面可以适当放宽对环境诉讼当事人的资格规定，鼓励成立民间环保组织，允许其法人代表以当事人的身份参与到环境诉讼中来。第二，明确农业生产者的环境保护权利。通过《环境保护法》中对于环境权利的明确界定，在相关法律、法规中，明确环境权的权利和内容，采取列举和概括式的混合模式规定农业生产者享有清洁水权、清洁空气权的环境权利，使抽象的环境权变为具体的、有法律依据的、便于操作的武器，更加有利于农业生产者在受到损害时主张环境权利的救济（李挚萍和陈春生，2009）。[②] 第三，完善农业生产者的法律援助体系。从立法、管理、组织建设和经费保障方面，加大对农业环境法律援助的力度，明确受援标准、法律援助的补贴标准、法律援助的范围规定，使法律援助成

[①]　涂正革、邓辉、甘天琦：《公众参与中国环境治理的逻辑：理论、实践和模式》，《华中师范大学学报（人文社会科学版）》2018 年第 3 期。

[②]　李挚萍、陈春生：《2009 农村环境管制与农民环境权保护》，北京大学出版社 2009 年版。

为维护农民环境权的重要途径。

（三）以产业结构优化为重要途径，提高清洁生产水平

实证研究结果表明，产业结构因素是影响农业面源污染排放和农业碳排放的主要因素之一，因此优化产业结构是提高农业清洁生产的重要途径之一。一方面，合理调整三次产业结构和第一产业的内部结构。以农业供给侧结构性改革的思想作指引，调整产业结构，引导农民由"生产"向"生产+加工+销售"转变，促进农业产业价值链的升级，积极引导土地规模化经营，在政策允许的范围内打破土地流转的壁垒，鼓励农民以土地入股等多种形式实行集约化经营。在农业种植结构的调整上大力推广有机、绿色、无公害农产品，积极引导农户采用清洁生产技术。另一方面，合理调整产业的空间布局。对于禁养政策的实施，需要加大禽畜养殖的规划引导，实施差异化的区域养殖政策，结合环境敏感区域，划定禁养区、适养区和限养区，形成合理的农业养殖空间格局。

（四）以农业环保为出发点，在农业水土气等多方面开展综合治理

农业环境保护是一项系统工程，需要在农业土壤污染、农业水污染和农业空气污染等多方面开展治理。土壤污染虽然在本书没有做细致的研究，但是因化肥的过量使用造成的农业面源污染是耕地保护威胁最为严重的农户行为之一，这一点在学术界已经达到了充分的共识，对于环境友好型技术的推广应用是提升化肥利用率，减缓农业面源污染的最根本途径。以"缺什么补什么，缺多少补多少"实现精准施肥的测土配方技术，作为一项较为成熟的技术对环境友好型技术有非常明显的成效。在农业水资源上，农业用水成本已经有较为明显的

提高，在现有的灌溉技术水平下需要推广施行滴灌、喷灌等节水灌溉技术；其次，需要提升农业生产效率水平、农业生产技术水平、农业生产要素投入水平等；最后，根据农业造成水污染来源，在化肥、农药和牲畜排放等方面开展治理。在农业气体污染上，一方面，大力整治农作物秸秆燃烧，不仅需要采取强制性手段控制，还要研发农作物秸秆处理的技术，帮助农业生产者处理秸秆留田的问题；另一方面，提升农业能源使用效率，优化农业能源结构，着手开展农业碳排放治理。

第十章　结论与研究展望

第一节　主要结论

我国农业历经波澜壮阔的改革历程，取得了举世瞩目的成就，顺应潮流趋势逐渐形成了中国特色社会主义农业发展模式。然而，农业发展带来了资源的浪费和环境的污染，我们急需寻找一条中国化的农业绿色发展之路。首先，本书基于数据包络分析方向距离函数方法，从宏观层面对中国 30 个省（自治区、直辖市）农业绿色发展进行了比较分析，并通过理论梳理，提出影响农业绿色发展的因素；其次，对农业碳排放与农业水资源问题做了大量细致的研究，得到了以下几点结论：

第一，从绿色发展指数可以看出我国农业绿色发展的态势依然严峻，不仅呈现出区域化的红色发展特征，而且随着时间推移，农业绿色发展状态逐渐变差。本书在数据包络分析方向性距离函数的方法框架内对我国 30 个省（自治区、直辖市）（西藏和港澳台除外）23 年的农业发展状况进行了评估，通过绿色发展指数的静态特征、动态演变过程和区域发展态势分析农业绿色发展状况，对中国农业绿色发展进行了综合评估。从静态特征来看，北京、上海、天津等 9 地均处于农业绿色发展状态，但仍有新疆等 17 个地区处于农业红色发展状态。从动态演变的过程来看，我国农业绿色发展状态趋势逐渐恶化，平均绿色发展指数逐年降低。从区域发展水平来看，在研究覆盖的地区内，大多数地区农业绿色发展堪忧，特别是东北部、中部和南部沿海地区均表现出长期的失衡状态，农业经济发展与资源环境约束的两难状态有待进一步改善；东北部和东南沿海地区农业绿色发展逐渐恶化，中部地区状态差异明显，并未出现"模仿效应"，西部地区表现良好，农业绿色发展区域逐渐扩大。

第二，生产技术水平和人力资本因素是影响农业绿色发展的关键动力机制，我国需要从这两个方面发力，找到实现农业绿色发展的政策突破点。本书通过变系数非参数方法，探讨了机械水平、生产水平和人力资本对于农业绿色发展的影响，模拟出了几个关键因素随时间变化的不同趋势，发现人力资本的提升是农业绿色发展的不可替代因素；而机械水平与反映生产技术的几个变量在不同时期表现均有所不同，随着经济社会的不断发展和农业现代化进程的不断推进，机械水平、生产水平将会是促进农业绿色发展的促增因素，并且三种因素在不同作物种植区域表现也有所差异。因此，农业绿色发展不应只是表象，要让我国农业更加高效、绿色、可持续发展，需从更深层次上推动农业转型，因地制宜，从根本上治理农业环境污染的同时，推动农业生产转型。

第三，提高技术效率水平、促进农业技术进步和控制农业面源污染是促进节水农业的重要手段，也是实现绿色农业发展的前提之一。对农业水资源使用效率的准确评价和影响用水成本因素的准确识别，是制定有效节水政策的前提条件。上述结论从农业绿色发展角度对如何降低农业用水成本，促进农业经济增长具有重要作用的政策含义。首先，农业用水量的提高虽然在粮食增产与农民增收方面起到了重要的作用，但是从长期来看，应提高农业用水效率，特别是在农业用水效率低的区域重点施行。一方面加大对绿色农业、生态农业的扶持力度，另一方面向规模化生产和集约化经营的生产方式转变。其次，促进提升技术效率水平和污染治理水平极为必要。在农业生产上，除对硬性技术进步的大力支持外，还应注重软性技术进步的提升，加强农业技术的推广，孕育新型职业农民。最后，改善农业面源污染是促进农业绿色发展的重要途径，加强农业面源污染治理和促进农业技术进步方能实现真正的农业绿色发展。

第四，区域协同和持久联动的减排政策才是实现农业低碳发展的唯一出路。本书在识别农业碳排放空间相关性的结果显示，东三省、华北平原地区是农业碳排放的"重灾区"，而且随着时间的推移，长江中下游地区也加入了农业高碳排放的"俱乐部"，有逐渐"由点成片"的趋势，同时，农业碳排放的高高集聚特征显著，亟须采取有效措施进行"围追堵截"。空间动态面板回归结果显示，农业人口密度提高带来的负效应超过了规模效应，应加快农业人口的行业转移；农业碳排放与农业经济增长之间关系不仅验证了环境库兹涅茨曲线假说，而且多次项系数显示，二者之间关系曲线可能存在多个拐点，我国经济正处于倒"U"形曲线的上升时期阶段；尽管机械化水平的提高带来了碳排放增加，但是增加幅度并不明显，机械化水平虽然在某种程度上加大了农业碳排放，但是它仍然是改善农业高碳特征的重要途径之一；结构因素中，第一产业比例的增加导致碳排放量增加，但并没有找到农业比例是影响碳排放的直接证据；降低能源强度依然是减少碳排放的必经途径。空间溢出效应及其分解将农业碳排放影响因素细化，对于农业碳减排更具指导意义。结果显示，农业碳减排是一个长期过程，不能"毕其功于一役"。人口密度与人均国内生产总值指标直接效应明显，而间接效应不足，表明促进农民增收与实施农业劳动人口就地行业转移极为必要；机械化指标间接溢出效应显著而直接溢出效应并不明显，意味着其他地区机械化水平的提高产生的反馈机制使得本地区农业碳排放增加，恰好说明了提升机械化水平的重要性；能源强度指标不管直接效应还是间接效应均明显，再次证明了降低能源强度是实现农业碳减排的不二选择。稳健性检验也表明考虑空间相关性对于农业碳减排政策实施的重要性。

第五，坚持共性、突破个性是制定农业绿色发展政策的现实策略，也是实现农业绿色发展的关键因素。一方面，宏观因素、微观因素及现实因素互相交织，形成了中国农业绿色发展道路上的障碍。在宏观因素上，市场失灵和政府失灵是两大主要的原因。微观层面，农业生产者作为最微观的生产决策单元，在追求自身利益最大化时没有充分考虑环境因素的影响。在现实因素方面，中国特有的城乡二元经济结构是造成农业环境破坏的主要原因，正是在这种二元经济结构下，农村人口的增多、农用工业化学品的使用和环保意识薄弱等问题造成了农业生产过程中资源环境问题的加剧。另一方面，破解中国农业环境问题，需要借鉴先进经验，更要立足实际，制订行之有效的政策方案。根据中国农业发展实际，结合国外部分国家的做法，我们不仅需要发挥好政府和市场"两只手"的作用，也要坚持农业经济和环境保护一体推进的"两只脚"的目标。基于现实情况的考察，我国的农业环境治理政策需要同时考虑宏观政策和微观机制两个方面，缺一不可。

第二节　研究展望

农业绿色发展是生态文明建设中最重要的内容，在农业生产中，实现资源节约、环境友好和生产率高三个目标需要坚持"人与自然和谐共生"和"绿水青山就是金山银山"的发展理念，付诸更多实际的行动去保护人们赖以生存和发展的生态环境。本书围绕"绿色"二字在农业领域展开研究，鉴于现实状况和绿色发展的维度，笔者认为还可以在以下几个方面进行深入分析。

第一，拓展绿色发展的维度。本书在分析过程中仅对水资源和碳排放两个维度进行实证分析，但农业的绿色发展不仅仅如此，还包含能源使用、秸秆燃烧的气体排放、土壤污染等方面，因此关于农业绿色发展的实证研究还有巨大的空间。

第二，开展政策因素的探讨。截至2022年，国家在治理环境污染上出台了一系列政策措施，可以通过准自然实验的方法对政策的环境效应进行评估，如秸秆燃烧、禁养政策等。此外，对于常见的税收、补贴等财政政策也可以深入分析，为中国农业绿色发展提供更切合实际的政策意见。

第三，进行微观调查和行业分析。一方面，对于农业方面的研究，往往习惯将农、林、牧、渔业作为一个整体，但中国的农业发展特色决定了各个地区之间存在极大的异质性，因此可以对农业中细分行业展开探讨，为区域农业绿色发展提供可靠的建议；另一方面，针对微观单位的调查也极其重要，农业生产者的行为特征决定了负外部性的大小，而从微观单元的考察能得出更加丰富的结论和政策建议。

参考文献

1. 安淑新：《促进经济高质量发展的路径研究：一个文献综述》，《当代经济管理》2018 年第 9 期。

2. 包建中：《中国的"三色农业"》，《世界农业》1998 年第 9 期。

3. 蔡昉：《及时挖掘新常态下特有的增长源泉》，《上海证券报》2015 年 3 月 6 日。

4. 蔡跃洲、张钧南：《信息通信技术对中国经济增长的替代效应与渗透效应》，《经济研究》2015 年第 12 期。

5. 曹斌：《乡村振兴的日本实践：背景、措施与启示》，《中国农村经济》2018 年第 8 期。

6. 常轶军、元帅：《"空间嵌入"与地方政府治理现代化》，《中国行政管理》2018 年第 9 期。

7. 陈大夫：《美国的农业生产与资源、环境保护》，《中国农村经济》2002 年第 4 期。

8. 陈诗一：《中国各地区低碳经济转型进程评估》，《经济研究》2012 年第 8 期。

9. 陈苏、胡浩：《中国畜禽温室气体排放时空变化及影响因素研究》，《中国人口·资源与环境》2016 年第 7 期。

10. 陈银娥、陈薇：《农业机械化、产业升级与农业碳排放关系研究——基于动态面板数据模型的经验分析》，《农业技术经济》2018 年第 5 期。

11. 崔晓、张屹山：《中国农业环境效率与环境全要素生产率分析》，《中国农村经济》2014 年第 8 期。

12. 崔元峰：《绿色农业经济发展论》，人民出版社 2009 年版。

13. 崔元峰、严立冬、陆金铸等：《我国绿色农业发展水平综合评价体系研究》，《农业经济问题》2009 年第 6 期。

14. 戴小文：《中国农业隐含碳排放核算与分析——兼与一般碳排放核算方法的对比》，《财经科学》2014 年第 12 期。

15. 刁怀宏、陶永勇：《生产要素的配置变化与科技进步——中国 1980—2001 年农业技术进步率的估计》，《农业现代化研究》2003 年第 6 期。

16. 丁长琴：《我国有机农业发展模式及理论探讨》，《农业技术经济》2012 年第 2 期。

17. 董红敏、李玉娥等：《中国农业源温室气体排放与减排技术对策》，《农业工程学报》2008 年第 10 期。

18. 董晓花、王欣、陈利：《柯布—道格拉斯生产函数理论研究综述》，《生产力研究》2008 年第 3 期。

19. 董运来、赵慧娥、王大超：《基于全要素生产率的辽宁省农业经济发展方式转变分析》，《农业技术经济》2008 年第 6 期。

20. 方炎、陈洁：《农业污染的形势及应对》，《红旗文稿》2005 年第 15 期。

21. 冯海发、李溦：《我国农业为工业化提供资金积累的数量研究》,《经济研究》1993 年第 9 期。

22. 冯淑怡:《农村发展中环境管理研究》,科学出版社 2014 年版。

23. 高鸣、张哲晰:《碳达峰、碳中和目标下我国农业绿色发展的定位和政策建议》,《华中农业大学学报 (社会科学版)》2022 年第 1 期。

24. 葛继红、周曙东:《要素市场扭曲是否激发了农业面源污染——以化肥为例》,《农业经济问题》2012 年第 3 期。

25. 谷树忠、胡咏君、周洪:《生态文明建设的科学内涵与基本路径》,《资源科学》2013 年第 1 期。

26. 韩海彬、赵丽芬、张莉:《异质型人力资本对农业环境全要素生产率的影响——基于中国农村面板数据的实证研究》,《中央财经大学学报》2014 年第 5 期。

27. 韩海彬:《中国农业环境技术效率及其影响因素分析》,《经济与管理研究》2013 年第 9 期。

28. 杭帆、郭剑雄:《人口转型、技术进步与中国农业的可持续增长》,《西北农林科技大学学报 (社会科学版)》2016 年第 1 期。

29. 何安华、楼栋、孔祥智:《中国农业发展的资源环境约束研究》,《农村经济》2012 年第 2 期。

30. 何浩然、张林秀、李强:《农民施肥行为及农业面源污染研究》,《农业技术经济》2006 年第 6 期。

31. 贺晓英、谷耀鹏:《基于不确定性理论的水期权交易及其定价研究——以引汉济渭工程为例》,《干旱区资源与环境》2020 年第 7 期。

32. 洪大用、马芳馨:《二元社会结构的再生产——中国农村面源污染的社会学分析》,《社会学研究》2004 年第 4 期。

33. 侯玲玲、穆月英、张春晖:《中国农业补贴政策及其实施效果分析》,《中国农学通报》2007 年第 10 期。

34.胡鞍钢、王亚华、鄢一龙:《国家"十一五"规划纲要实施进展评估报告》,《宏观经济管理》2008 年第 10 期。

35.胡向东、王济民:《中国畜禽温室气体排放量估算》,《农业工程学报》2010 年第 6 期。

36.黄季焜、王晓兵等:《粮食直补和农资综合补贴对农业生产的影响》,《农业技术经济》2011 年第 11 期。

37.黄晶、李秀波:《从中欧环境管理合作计划看亚欧环境合作前景》,《世界环境》2002 年第 5 期。

38.黄崟、曾卓然:《世界农业现代化道路变迁》,《合作经济与科技》2009 年第 2 期。

39.黄祖辉、米松华:《农业碳足迹研究——以浙江省为例》,《农业经济问题》2011 年第 11 期。

40.焦必方、孙彬彬:《日本环境保全型农业的发展现状及启示》,《中国人口·资源与环境》2009 年第 4 期。

41.解春艳、黄传峰、徐浩:《环境规制下中国农业技术效率的区域差异与影响因素——基于农业碳排放与农业面源污染双重约束的视角》,《科技管理研究》2021 年第 15 期。

42.金书秦、韩冬梅、牛坤玉:《新形势下做好农业面源污染防治工作的探讨》,《环境保护》2018 年第 13 期。

43.金书秦、林煜、牛坤玉:《以低碳带动农业绿色转型:中国农业碳排放特征及其减排路径》,《改革》2021 年第 5 期。

44.金书秦、武岩:《农业面源是水体污染的首要原因吗?——基于淮河流域数据的检验》,《中国农村经济》2014 年第 9 期。

45. 金书秦：《农业面源污染特征及其治理》，《改革》2017 年第 11 期。

46. 金相灿、叶春、颜昌宙等：《太湖重点污染控制区综合治理方案研究》，《环境科学研究》1999 年第 5 期。

47. 赖斯芸、杜鹏飞、陈吉宁：《基于单元分析的非点源污染调查评估方法》，《清华大学学报（自然科学版）》2004 年第 9 期。

48. 雷玉桃、杨娟：《基于 SFA 方法的碳排放效率区域差异化与协调机制研究》，《经济理论与经济管理》2014 年第 7 期。

49. 李谷成、陈宁陆、闵锐：《环境规制条件下中国农业全要素生产率增长与分解》，《中国人口·资源与环境》2011 年第 11 期。

50. 李谷成、范丽霞、成刚等：《农业全要素生产率增长：基于一种新的窗式 DEA 生产率指数的再估计》，《农业技术经济》2013 年第 5 期。

51. 李谷成、范丽霞、闵锐：《资源、环境与农业发展的协调性——基于环境规制的省级农业环境效率排名》，《数量经济技术经济研究》2011 年第 10 期。

52. 李谷成、冯中朝：《中国农业全要素生产率增长：技术推进抑或效率驱动——一项基于随机前沿生产函数的行业比较研究》，《农业技术经济》2010 年第 5 期。

53. 李谷成：《中国农业的绿色生产率革命：1978—2008 年》，《经济学（季刊）》2014 年第 2 期。

54. 李海鹏、张俊飚：《中国农业面源污染的区域分异研究》，《中国农业资源与区划》2009 年第 2 期。

55. 李文：《2003 年世界能源市场综述——来自 BP 的最新能源统

计报告》,《国际石油经济》2004 年第 7 期。

56. 李晓西、刘一萌、宋涛:《人类绿色发展指数的测算》,《社会科学》2014 年第 6 期。

57. 李晓西、赵峥、李卫锋:《完善国家生态治理体系和治理能力现代化的四大关系——基于实地调研及微观数据的分析》,《管理世界》2015 年第 5 期。

58. 李晓燕:《民族地区农业生态环境补偿及其制度研究》,《青海民族研究》2016 年第 1 期。

59. 李学敏、巩前文:《新中国成立以来农业绿色发展支持政策演变及优化进路》,《世界农业》2020 年第 4 期。

60. 李挚萍、陈春生:《2009 农村环境管制与农民环境权保护》,北京大学出版社 2009 年版。

61. 李智、张慧芳:《理论极限灌溉水价探讨》,《水利经济》2011 年第 2 期。

62. 廖少云:《从美国农业现代化存在的问题看世界农业的未来》,《中国农村经济》1998 年第 5 期。

63. 林伯强、蒋竺均:《中国二氧化碳的环境库兹涅茨曲线预测及影响因素分析》,《管理世界》2009 年第 4 期。

64. 林卿、张俊飚:《生态文明视域中的农业绿色发展》,中国财政经济出版社 2012 年版。

65. 刘莉、刘静:《基于种植结构调整视角的化肥减施对策研究》,《中国农业资源与区划》2019 年第 1 期。

66. 刘新平:《干旱区农业用水价格形成机制的经济学分析》,《干旱区地理》2007 年第 2 期。

67. 刘莹、黄季焜、王金霞：《水价政策对灌溉用水及种植收入的影响》，《经济学（季刊）》2015 年第 4 期。

68. 刘渝、杜江、张俊飚：《湖北省农业水资源利用效率评价》，《中国人口·资源与环境》2007 年第 6 期。

69. 刘宇薇、汪红梅：《农业技术进步、劳动力转移与农业高质量发展》，《税务与经济》2022 年第 2 期。

70. 刘震：《中国的水土保持现状及今后发展方向》，《水土保持科技情报》2004 年第 1 期。

71. 孟令杰、顾焕章：《度量生产率变化的非参数方法》，《数量经济技术经济研究》2001 年第 2 期。

72. 闵继胜、胡浩：《中国农业生产温室气体排放量的测算》，《中国人口·资源与环境》2012 年第 7 期。

73. 聂隽、陈红枫、程娜等：《区划调整后巢湖水污染治理的机遇与挑战——基于排污权交易的巢湖水质管理研究》，《中国环境管理》2012 年第 4 期。

74. 牛敏杰、赵俊伟等：《我国农业生态文明水平评价及空间分异研究》，《农业经济问题》2016 年第 3 期。

75. 潘家华：《新中国 70 年生态环境建设发展的艰难历程与辉煌成就》，《中国环境管理》2019 年第 4 期。

76. 庞瑞芝、李鹏、路永刚：《转型期间我国新型工业化增长绩效及其影响因素研究——基于"新型工业化"生产力视角》，《中国工业经济》2011 年第 4 期。

77. 彭可茂、席利卿、彭开丽：《环境规制对中国油料作物产出影响的研究——基于距离函数对技术效率的测度》，《统计与信息论坛》

2012 年第 2 期。

78. 秦炳涛：《日本生态农业发展策略探析》，《农业经济问题》2015 年第 6 期。

79. 邱君：《我国化肥施用对水污染的影响及其调控措施》，《农业经济问题》2007 年第 1 期。

80. 冉光和、王建洪、王定祥：《我国现代农业生产的碳排放变动趋势研究》，《农业经济问题》2011 年第 2 期。

81. 饶静、许翔宇等：《我国农业面源污染现状、发生机制和对策研究》，《农业经济问题》2011 年第 8 期。

82. 尚杰、杨果、于法稳：《中国农业温室气体排放量测算及影响因素研究》，《中国生态农业学报》2015 年第 3 期。

83. 邵帅、李欣、曹建华：《中国雾霾污染治理的经济政策选择——基于空间溢出效应的视角》，《经济研究》2016 年第 9 期。

84. 沈国舫：《生态环境建设与水资源的保护和利用》，《中国水利》2000 年第 8 期。

85. 沈坤荣、金刚：《中国地方政府环境治理的政策效应——基于"河长制"演进的研究》，《中国社会科学》2018 年第 5 期。

86. 沈坤荣、金刚：《中国经济增长 40 年的动力——地方政府行为的视角》，《经济与管理研究》2018 年第 12 期。

87. 沈满洪：《论环境问题的制度根源》，《浙江大学学报（人文社会科学版）》2000 年第 3 期。

88. 宋国恺：《新时代高质量发展的社会学研究》，《中国特色社会主义研究》2018 年第 5 期。

89. ［日］速水佑次郎、［美］弗农·拉坦：《农业发展：国际前景》，商务印书馆 2014 年版。

90. 田银华、贺胜兵：《环境约束下地区全要素生产率增长的再估算：1998—2008》，《系统工程》2010 年第 11 期。

91. 田云、陈池波：《市场与政府结合视角下的中国农业碳减排补偿机制研究》，《农业经济问题》2021 年第 5 期。

92. 田云、尹忞昊：《技术进步促进了农业能源碳减排吗？——基于回弹效应与空间溢出效应的检验》，《改革》2021 年第 12 期。

93. 田云、张俊飚等：《农户农业低碳生产行为及其影响因素分析——以化肥施用和农药使用为例》，《中国农村观察》2015 年第 2 期。

94. 涂正革、谌仁俊：《传统方法测度的环境技术效率低估了环境治理效率？——来自基于网络 DEA 的方向性环境距离函数方法分析中国工业省级面板数据的证据》，《经济评论》2013 年第 5 期。

95. 涂正革、谌仁俊：《排污权交易机制在中国能否实现波特效应？》，《经济研究》2015 年第 7 期。

96. 涂正革、邓辉、甘天琦：《公众参与中国环境治理的逻辑：理论、实践和模式》，《华中师范大学学报（人文社会科学版）》2018 年第 3 期。

97. 涂正革、甘天琦、王昆：《基于绿色发展视角的农业补贴政策效率损失的探究》，《华中师范大学学报（人文社会科学版）》2019 年第 2 期。

98. 涂正革、刘磊珂：《考虑能源、环境因素的中国工业效率评价——基于 SBM 模型的省级数据分析》，《经济评论》2011 年第 2 期。

99. 涂正革：《环境、资源与工业增长的协调性》，《经济研究》2008 年第 2 期。

100. 涂正革:《中国的碳减排路径与战略选择——基于八大行业部门碳排放量的指数分解分析》,《中国社会科学》2012 年第 3 期。

101. 汪小勤、曾瑜、俊杰:《农业直接补贴政策:文献综述与国别研究》,《河南社会科学》2016 年第 3 期。

102. 王宝义、张卫国:《中国农业生态效率测度及时空差异研究》,《中国人口·资源与环境》2016 年第 6 期。

103. 王宝义、张卫国:《中国农业生态效率的省际差异和影响因素——基于 1996—2015 年 31 个省份的面板数据分析》,《中国农村经济》2018 年第 1 期。

104. 王兵、朱宁:《不良贷款约束下的中国上市商业银行效率和全要素生产率研究——基于 SBM 方向性距离函数的实证分析》,《金融研究》2011 年第 11 期。

105. 王国安:《农业面源污染的成因及其治理》,《世界农业》2010 年第 11 期。

106. 王惠、卞艺杰:《农业生产效率、农业碳排放的动态演进与门槛特征》,《农业技术经济》2015 年第 6 期。

107. 王江、唐艺芸:《碳中和愿景下地方率先达峰的多维困境及其纾解》,《环境保护》2021 年第 15 期。

108. 王克强、邓光耀、刘红梅等:《基于多区域 CGE 模型的中国农业用水效率和水资源税政策模拟研究》,《财经研究》2015 年第 3 期。

109. 王克强、刘红梅、黄智俊:《我国灌溉水价格形成机制的问题及对策》,《经济问题》2007 年第 1 期。

110. 王洛忠、庞锐:《中国公共政策时空演进机理及扩散路径:以河长制的落地与变迁为例》,《中国行政管理》2018 年第 5 期。

111. 王学渊、赵连阁：《中国农业用水效率及影响因素——基于1997—2006 年省区面板数据的 SFA 分析》，《农业经济问题》2008 年第 3 期。

112. 魏锴、杨礼胜、张昭：《对我国农业技术引进问题的政策思考——兼论农业技术进步的路径选择》，《农业经济问题》2013 年第 4 期。

113. 魏琦、金书秦、张斌：《助绿乡村振兴：农业绿色发展理论、政策和评价》，中国发展出版社 2018 年版。

114. 魏琦、张斌、金书秦：《中国农业绿色发展指数构建及区域比较研究》，《农业经济问题》2018 年第 11 期。

115. 吴义根、冯开文、李谷成：《人口增长、结构调整与农业面源污染——基于空间面板 STIRPAT 模型的实证研究》，《农业技术经济》2017 年第 3 期。

116. 伍国勇、刘金丹、杨丽莎：《中国农业碳排放强度动态演进及碳补偿潜力》，《中国人口·资源与环境》2021 年第 10 期。

117. 西奥多·舒尔茨：《对人进行投资：人口质量经济学》，吴珠华译，首都经济贸易大学出版社 2004 年版。

118. 夏四友、赵媛等：《近 20 年来中国农业碳排放强度区域差异、时空格局及动态演化》，《长江流域资源与环境》2020 年第 3 期。

119. 肖焰恒：《可持续农业技术创新理论的构建》，《中国人口·资源与环境》2003 年第 1 期。

120. 许朗、黄莺：《农业灌溉用水效率及其影响因素分析——基于安徽省蒙城县的实地调查》，《资源科学》2012 年第 1 期。

121. 许新宜、刘海军、王红瑞等：《去区域气候变异的农业水资源利用效率研究》，《中国水利》2010 年第 21 期。

122. 闫桂权、何玉成、张晓恒：《绿色技术进步、农业经济增长与污染空间溢出——来自中国农业水资源利用的证据》，《长江流域资源与环境》2019 年第 12 期。

123. 颜夕生：《江苏省农业环境污染造成的经济损失估算》，《农业环境科学学报》1993 年第 4 期。

124. 易福金、肖蓉、王金霞：《计量水价、定额管理还是按亩收费？——海河流域农业用水政策探究》，《中国农村观察》2019 年第 1 期。

125. 尹昌斌、李福夺等：《中国农业绿色发展的概念、内涵与原则》，《中国农业资源与区划》2021 年第 1 期。

126. 尹岩、郗凤明等：《我国设施农业碳排放核算及碳减排路径》，《应用生态学报》2021 年第 11 期。

127. 于伟咏、漆雁斌、余华：《农资补贴对化肥面源污染效应的实证研究——基于省级面板数据》，《农村经济》2017 年第 2 期。

128. 袁平、朱立志：《中国农业污染防控：环境规制缺陷与利益相关者的逆向选择》，《农业经济问题》2015 年第 11 期。

129. 曾福生、刘俊辉：《区域异质性下中国农业生态效率评价与空间差异实证——基于组合 DEA 与空间自相关分析》，《生态经济》2019 年第 3 期。

130. 张帆、李东著：《环境与自然资源经济学》，上海人民出版社 2007 年版。

131. 张广胜、王珊珊：《中国农业碳排放的结构、效率及其决定机制》，《农业经济问题》2014 年第 7 期。

132. 张晖、胡浩：《农业面源污染的环境库兹涅茨曲线验证——基于江苏省时序数据的分析》，《中国农村经济》2009 年第 4 期。

133. 张敬锁、李花粉、张福锁、姚广伟：《不同形态氮素对水稻体内镉形态的影响》，《中国农业大学学报》1998 年第 5 期。

134. 张培刚著：《农业与工业化（上卷）：农业国工业问题的初探》，中国人民大学出版社 2014 年版。

135. 张悟民、徐福强、刘玲、刘小燕：《农业环境污染与人类疾病的关系》，《环境保护》1997 年第 6 期。

136. 张向达、朱帅：《基于技术效率及影子价格的农业灌溉弹性需水研究——以黑龙江省为例》，《地理科学》2018 年第 7 期。

137. 赵芝俊、张社梅：《近 20 年中国农业技术进步贡献率的变动趋势》，《中国农村经济》2006 年第 3 期。

138. 郑德凤、郝帅、孙才志等：《中国大陆生态效率时空演化分析及其趋势预测》，《地理研究》2018 年第 5 期。

139. 郑循刚：《基于组合评价的中国农业生产技术效率研究——基于 2000—2007 的面板数据》，《科技管理研究》2010 年第 7 期。

140. 周锦、孙杭生：《农民的环境意识调查与分析》，《中国农村观察》2009 年第 3 期。

141. 周力：《产业集聚、环境规制与畜禽养殖半点源污染》，《中国农村经济》2011 年第 2 期。

142. 朱艳：《中国水资源管理现状及对农业的影响》，《农业工程技术》2016 年第 26 期。

143. Aigner D.J.,Cain G.G., "Statistical Theories of Discrimination in Labor Markets", *Ilr Review*, Vol.30(2), 1977.

144. Anderson T. W., Hsiao C., "Formulation and Estimation of Dynamic Models Using Panel Data" ,*Journal of Econometrics*,1982.

145. Anselin L., Florax R. J. G. M., Rey. S. J., *Econometrics for Spatial Models: Recent Advances, Advances in Spatial Econometrics*, Springer Berlin Heidelberg, 2004.

146. Arellano M., Bond S., "Some Test of Specification for Panel Data: Monte Carlo Evidence and an Application to Employment Equations" ,*Review of Economic Studies*, 1991.

147. Battese G.E., Coelli T.J. , "Prediction of Firm-level Technical Efficiencies with a Generalized Frontier Production Function and Panel Data" , *Journal of Econometrics*, Vol. 38(3), 1988.

148. Carlaw K. I., Lipsey R. G., "Productivity, Technology and Economic Growth: What is the Relationship?" ,*Journal of Economic Surveys*, Vol.17(3), 2010.

149. Caves D. W., Christensen L. R., Diewert W. E., "The Economic Theory of Index Numbers and the Measurement of Input, Output, and Productivity" ,*Econometrica*, Vol.50(6),1982.

150. Charnes A., Granot D., Granot F., "On Solving Linear Fractional Interval Programming Problems" , *Cahiers Centre Études Rech Opér*, Vol. (20), 1978.

151. Coelli T. J., "A Computer Program for Frontier Production Function Estimation : Frontier Version 2.0" ,*Economics Letters*,No.1,1992.

152. Denison E. F. , "Education, Economic Growth, and Gaps in Information", *Journal of Political Economy*, Vol.70(5), 1962.

153. Ellis F., *Peasant Economics: Farm Households and Agrarian Development* ,Cambridge England Cambridge University Press, 1988.

154. Fan S., Pardey P. G., "Research, Productivity, and Output Growth in Chinese Agriculture", *Journal of Development Economics*, Vol.53(1),1997.

155. Färe R., Grosskopf S., Roos P., "Malmquist Productivity Indexes: A Survey of Theory and Practice", *Index Numbers: Essays in Honour of Sten Malmquist*,1998.

156. Färe R., Grosskopf S., Valdmanis V., "Capacity, Competiton and Efficiency in Hospitals: A Nonparametric Approach", *Journal of Productivity Analysis*, Vol. 1(2), 1989.

157. Färe R., Pasurka C., Vardanyan M., "On Endogenizing Direction Vectors in Parametric Directional Distance Function-Based Models",*European Journal of Operational Research*, 2017.

158. Farrell M. J., "The Measurement of Productive Efficiency",*Journal of the Royal Statistical Society,* No.3,1957.

159. Feike Til , Mamitimin Y., Lin L. et al., "Development of Agricultural Land and Water Use and its Driving Forces along the Aksu and Tarim River, PR China", *Environmental Earth Sciences* ,Vol.73, No.2,(2015).

160. Griffin R. C.,Bromley D. W., "Agricultural Runoff as a Nonpoint Externality: A Theoretical Development",*American Journal of Agricultural Economics*, Vol.64(4), 1982.

161. Hansen L. G., "A Damage Based Tax Mechanism for Regulation of Non-Point Emissions",*Environmental & Resource Economics*, Vol.12,(1),1998.

162. Ismael M., Srouji F, Boutabba M. A., "Agricultural Technologies and Carbon Emissions, Evidence from Jordanian Economy", *Environmental Science & Pollution Research*, Vol.(1), 2018.

163. Jorgenson D.W., Griliches Z., "The Explanation of Productivity Change", *Review of Economic Studies*, Vol. 34(3), 1967.

164. K.Emerick, A.D., Janvry E.,Sadoulet et al., "Technological Innovations, Downside Risk, and the Modernization of Agriculture", *American Economic Review*, Vol. 106(6), 2016.

165. Kumbhakar S.C., Lovell C.A.K. ,*Stochastic Frontier Analysis:An Econometric Approach*, Campridge University Press,2000.

166. Lambert D. K., Parker E., "Productivity in Chinese Provincial Agriculture", *Journal of Agricultural Economics*, Vol.49(3), 2010.

167. Lin J. Y., "Rural Reforms and Agricultural Growth in China", *American Economic Review*, Vol. 82(1), 1992.

168. Lu X.,Kuang B.,Li J. et al., "Dynamic Evolution of Regional Discrepancies in Carbon Emissions from Agricultural Land Utilization: Evidence from Chinese Provincial Data", *Sustainability*, Vol. 10(2),2018.

169. Lucas Robert E., "On the Mechanics of Economic Development", *Journal of Monetary Economics*, Vol. 22(1), 1988.

170. Luenberger D. G., " Externalities and Benefits", *Journal of Mathematical Economics*, Vol. 24(2), 1995.

171. Luenberger D. G., "Externalities and Benefits", *Journal of Mathematical Economics*, 1995.

172. Mahadevan A. A., "How Cost Efficient are Australia's Mining

Industries？”，*Energy Economics*, 2003.

173. Malmquist S., "Index Numbers and Indifference Surfaces"，*Trabajos De Estadistica,* Vol. 4(2), 1953.

174. Mao W., Koo W. W., "Productivity Growth, Technological Progress, and Efficiency Change in Chinese Agriculture after Rural Economic Reforms: A DEA Approach"，*China Economic Review*, Vol.8,(2), 1997.

175. Mcmillan D. E., "Increased Levels of Acute-phase Serum Proteins in Diabetes"，*Metabolism-clinical & Experimental*, Vol.38(11),1989.

176. Meeusen W., Broeck J.V.D., "Efficiency Estimation from Cobb-Douglas Production Functions with Composed Error"，*International Economic Review*, Vol. 18(2), 1977.

177. Meran G., Schwalbe U., "Pollution Control and Collective Penalties"，*Journal of Institutional & Theoretical Economics*, Vol.143(4),1987.

178. Munasinghe M., "Electricity Pricing: A Comprehensive Framework"，*IEEE Transactions on Power Apparatus & Systems*, Vol.100(8), 2007.

179. Nagare H., Fujiwara T., Inoue T. et al., "Nutrient Recovery from Biomass Cultivated as Catch Crop for Removing Accumulated Fertilizer in Farm Soil"，*Water Science & Technology A Journal of the International Association on Water Pollution Research*, Vol.66(5), 2012.

180. Newell A., Pandya K., Symons J., "Farm Size and the Intensity of

Land Use in Gujarat", *Oxford Economic Papers*, Vol. 49(2), 1997.

181. OECD, Here C., "Extended Producer Responsibility–A Guidance Manual for Governments", 2001.

182. Orgenson D.W.,Griliches Z., "The Explanation of Productivity Change", *Review of Economic Studies*, Vol.34(3),1967.

183. Reichhuber A., "A Framed Field Experiment on Collective Enforcement Mechanisms with Ethiopian Farmers", *Environment and Development Economics*, Vol.14(5), 2009.

184. Renuka Mahadevan, "To Measure or not to Measure Total Factor Productivity Growth? ", *Oxford Development Studies*,Vol.31(3), 2003.

185. Repetto R., " Renewable Resources and Population Growth: Past Experiences and Future Prospects ", *Population and Environment*, Vol.10(4),1989.

186. Robert M. Solow , "Technological Change and the Aggregate Production Function", *The Review of Economics and Statistics*, Vol. 39(3), 1957.

187. S. Kaneko , "Water Efficiency of Agricultural Production in China: Regional Comparison from 1999 to 2002", *International Journal of Agricultural Resources,Governance and Ecology* ,Vol.3(4), 2005.

188. Samuelson P. A., Solow R. M., "A Complete Capital Model Involving Heterogeneous Capital Goods", *Quarterly Journal of Economics*, Vol. 70(4), 1956.

189. Tinbergen J., "Professor Douglas' Production Function", *Revue De Linstitut International De Statistique*, Vol.10(1/2),1942.

190. Tong, Li-tao, Li-ya et al., "Effects of Cultivar on Phenolic Content and Antioxidant Activity of Naked Oat in China" *,Journal of Integrative Agriculture*, Vol.13(8), 2014.

191. Wang H. I., Ni Q., Wen J. F. et al., "Economic Efficiency Evaluation of National Economic Development Zones Based on DEA and SFA", *IEEE the International Conference on Industrial Engineering & Engineering Management*. 2010.

192. Wang M., Yue C., Kai Y.et al., "A Local-Scale Low-Carbon Plan Based on the STIRPAT Model and the Scenario Method: The Case of Minhang District, Shanghai, China", *Energy Policy*, Vol.39(11), 2011.

193. Wu J., "On China's Economic Future", *Journal of Asian Economics*, Vol.8(4), 1997.

194. Wu S., Walker D., Devadoss S.et al., "Productivity Growth and its Components in Chinese Agriculture after Reforms", *Review of Development Economics*, Vol.5(3), 2010.

195. Xepapadeas A., "Managing the International Commons: Resource Use and Pollution Control", *Environmental & Resource Economics*, Vol.5(4),1995.

196. Zheng S., Kahn M. E., Sun W., et al., "Incentives for China's Urban Mayors to Mitigate Pollution Externalities: The Role of the Central Government and Public Environmentalism", *Regional Science & Urban Economics*, Vol.47,No.1(2014).

后　记

　　本书是国家社会科学基金重大项目"环境保护与经济高质量发展融合的机制、路径和政策体系研究"（18ZDA051）的阶段性成果和湖北省社会科学基金"经济高质量发展下的绿色全要素生产率研究"（BSY20013）的最终成果。本书的出版得到了中南民族大学经济学院领导的大力支持，得到了中南民族大学理论经济学学科经费、农村经济发展与制度建设科研团队、湖北全面小康研究院等经费的资助。

　　党的二十大报告明确指出要坚持绿水青山就是金山银山的理念，坚持山水林田湖草沙一体化保护和系统治理，全方位、全地域、全过程加强生态环境保护。农业绿色发展是转变农业发展方式，实现农业可持续发展的基本要义，是新时代中国式现代化的重要组成部分，是乡村振兴战略的重要方面，也是深入贯彻落实习近平新时代中国特色社会主义生态文明思想的重要途径。中共中央办公厅、国务院办公厅出台《关于创新体制机制推进农业绿色发展的意见》，强调推进农业绿色发展；农村农业部、国家发展改革委等六部门联合印发《"十四五"全国农业绿色发展规划》要求将绿色发展作为实施乡村振兴战略的重要引领，其本质上还是要构建农业绿色发展评价体系、产业体系、制度体系。从本书的研究来看，农业绿色发展既可以实现农业经济的增长，又可以有效解决农业生产过程中的污染问题，实现"资源节约""环境友好"和"经济增长"的三重目标，对于推进国家治理体系和治理能力现代化具有重要的学术价值和现实意义。

本书涉及领域广，包含农业绿色发展过程中面源污染问题、水资源节约问题和农业碳减排问题；完成难度大，需要构建一个综合的评价框架展开理论与实证分析；研究周期长，从书稿撰写、反复修改和最终定稿，经历了约 4 年时间。期间辗转湖北省天门、恩施、襄阳、新疆阿克陶等地开展实地调研，以求更加清晰地认识中国农业绿色发展过程中的症结障碍与实现路径，最初的书稿设计框架在经过反复论证与打磨后已经"面目全非"。经过多番考虑，最终将书名修订为《中国农业绿色发展：机制探索与对策选择》。

本书的出版也是整个研究团队共同努力的成果。华中师范大学经济与工商管理学院涂正革教授和谌仁俊副教授、中南民族大学经济学院李波教授在框架的设计、内容安排和方法的指导上给予了大量的支持，华中师范大学经济与工商管理学院曹阳教授、中南财经政法大学工商管理学院陈池波教授、中南民族大学经济学院陈祖海教授提供了大量的修改建议。在撰写的过程中，硕士研究生周宗钰、刘铭明和李思翰三位同学在搜集整理资料过程中付出了辛勤劳动，特别是周宗钰在最后校稿和完善过程中付出了大量心血，在此一并致谢。本书的顺利出版得到人民出版社各位老师的关心、指导和督促，并付出了辛勤劳动，在此致以衷心的感谢！

由于水平有限，本书一定存在不少错漏之处，敬请批评指正。

责任编辑：吴炤东

封面设计：王欢欢

图书在版编目（CIP）数据

中国农业绿色发展：机制探索与对策选择／甘天琦 著 . —北京：人民出版社，2023.6

ISBN 978-7-01-025704-4

I.①中… II.①甘… III.①绿色农业—农业发展—研究—中国 IV.① F323

中国国家版本馆 CIP 数据核字（2023）第 087854 号

中国农业绿色发展：机制探索与对策选择

ZHONGGUO NONGYE LÜSE FAZHAN: JIZHITANSUO YU DUICE XUANZE

甘天琦 著

人民出版社 出版发行

（100706 北京市东城区隆福寺街 99 号）

北京九州迅驰传媒文化有限公司印刷 新华书店经销

2023 年 6 月第 1 版 2023 年 6 月北京第 1 次印刷

开本：710 毫米 ×1000 毫米 1/16 印张：13.75

字数：160 千字

ISBN 978-7-01-025704-4 定价：62.00 元

邮购地址 100706 北京市东城区隆福寺街 99 号

人民东方图书销售中心 电话（010）65250042 65289539